改訂
新問題研究　要　件　事　実

ま　え　が　き

　この資料は、司法研修所から刊行されたものです。
　法科大学院等において要件事実の理論の理解を深めるための好
個の資料と思われるので、当局のお許しを得て頒布することとい
たしました。
　　　令和５年３月

　　　　　　　　　　　　　　　　一般財団法人　法　曹　会

は　し　が　き

　新しい法曹養成制度のもとでは、法科大学院における法理論教育及び実務基礎教育、それを前提に具体的な事案を通じて行う臨床教育としての司法修習などが相互に連携して、プロセスによる法曹養成を行うものとされています。このようなプロセスにおいて、法曹を志す者には、法廷実務家に限られない法律実務家に共通して必要とされる基本的能力の一つとして、法的な分析能力、すなわち、社会に生起する様々な法的課題の解決等を適切に行っていくために、錯綜する事実関係の中から法的に意味のある事実を分析、抽出した上、的確に問題点を整理するための基本的能力を修得することが求められます。要件事実についての考え方は、実体法の解釈を踏まえて、具体的事実関係を法的に分析し、整理するための有用なツールであると考えられます。

　そこで、当教官室では、法科大学院の学生をはじめとして、これから要件事実についての考え方を学んでいこうとする人のために、典型的な訴訟物及び攻撃防御方法に関する基本的な事例について、当事者双方の言い分を記載した具体的設例に即して、要件事実についての基本的な考え方を平易に解説することとし、本教材を作成しました。

　本教材を作成するに当たっては、要件事実についての考え方が実体法の解釈を前提とするものであることを踏まえ、その内容について、できる限り現在の実体法の解釈と整合的なものとするとともに、実体法について多様な解釈があることをより意識したものとするこ

ととしています。そして、このことは、法科大学院における実務との架橋を意識した法理論教育とその後の司法修習等における実務教育との連携をより一層強化することにもつながるものと考えています。

　これから法曹を志す方々が、本教材を通じて、実体法上の法律要件の内容や主張・立証責任の構造等がどのように分析されるのか、個々の法律要件に当てはまる具体的事実が何であるのかなどといった点を具体的に学ぶことにより、要件事実についての基本的な考え方を理解し、法曹としての基本的な能力を修得されることを大いに期待しています。
　　　　平成２３年９月

　　　　　　　　　　　　　　　　　司法研修所民事裁判教官室

改訂に当たって

　「民法の一部を改正する法律」（平成２９年法律第４４号）により、民法のうち債権関係の分野について全面的な改正が行われた（一部の例外を除いて令和２年４月１日施行）。
　そこで、上記の改正に即した改訂を行った。
　　令和４年１０月

司法研修所民事裁判教官室

この教材の使い方

　本書の設問は、全部で１３題あります。各問について、民事訴訟で原告となる者（本書では「Ｘ」と表示します。）と被告となる者（「Ｙ」と表示します。）のそれぞれの言い分に基づき、訴訟において、①請求の趣旨をどのように記載するか、②訴訟物は何か、③Ｘ及びＹが主張・立証すべき事実は何かについて、民事実体法の規定・解釈を踏まえて検討してください。

　なお、上記検討は、第２問につき令和７年９月３０日の時点を基準として、その余の設問につき令和４年１０月３１日の時点を基準として行ってください。

凡　　例

条文・法令

　　本文中の条文の表記は、法令名と数字で示した。法令の略語は
　一般の慣用に従った。

判例

　　出典の表示は一般の慣用に従った。最高裁判所判決の出典の末
　尾に付した［　］内の番号は、法曹会発行の最高裁判所判例解説
　民事篇中の解説番号を示す。

目　　次

第1章　売買契約に基づく代金支払請求訴訟

第1問　売買代金支払請求

> ### Ｘの言い分
> 　私は、令和４年２月３日に、先祖代々受け継いで私が所有していた甲土地を、是非欲しいと言ってきたＹに売り、その日に甲土地を引き渡しました。代金は２０００万円、支払日は同年３月３日との約束でした。
> 　ところが、Ｙは、いろいろと文句を言ってその代金を支払ってくれません。そこで、代金２０００万円の支払を求めます。
>
> ### Ｙの言い分
> 　甲土地を売買することについては、両者とも異論がなかったのですが、結局、代金の折り合いがつきませんでした。また、甲土地については、Ｘが相続で取得したのではなく、叔父Ａから贈与されたものと聞いています。

【解説】
1　事案
　本問では、ＸがＹに対して土地の売買代金の支払を求めているのに対し、Ｙは、代金の折り合いがつかなかったなどとして争っています。

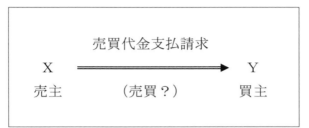

売買代金支払請求

X　━━━━━━━━━━━▶　Y

売主　　　（売買？）　　　買主

2　請求の趣旨

　　訴えの提起は、訴状を裁判所に提出してしなければならず（民訴法１３３条１項）、訴状には、当事者及び法定代理人のほか、請求の趣旨及び原因を記載しなければならないものとされています（同条２項）。

　　請求の趣旨とは、訴訟における原告の主張の結論となる部分であり、訴えをもって審判を求める請求の表示のことを意味し、原告が勝訴した場合にされる判決の主文に対応するものです。

　　給付訴訟の場合、請求認容判決の主文は、強制執行により実現されるべき被告の義務を明らかにするものですから、当事者及び給付の内容が簡潔かつ正確に表現されていなければなりません。この場合、請求の趣旨に、給付の法的性質や理由などは記載しないのが実務の扱いとなっています。

　　本問の場合、Ｘは売買代金元本２０００万円の支払を請求していますが、請求の趣旨は「被告は、原告に対し、２０００万円を支払え。」と記載し、「被告は、原告に対し、売買代金２０００万円を支払え。」とはしません。

本問の請求の趣旨は次のとおりです。

> 被告は、原告に対し、２０００万円を支払え。

3 訴訟物

(1) 訴訟物の意義

訴訟上の請求は、一定の権利又は法律関係の存否の主張の形式をとりますが、その内容である一定の権利又は法律関係を訴訟物といいます。

請求は、請求の趣旨及び請求の原因（民訴法１３３条２項２号、同規則５３条１項参照）によって特定されます。

訴訟物の理解については、いわゆる新訴訟物理論と旧訴訟物理論との対立がありますが、実務は旧訴訟物理論によっています。したがって、訴訟上の請求は、実体法上の個別的・具体的な請求権の主張であると解され、その特定、識別も、実体法上の個々の請求権を基準としてすることになります。

民事訴訟法の基本原則である処分権主義によれば、訴訟物は原告の申立てによって定まるものですから、原告が審判の対象とその範囲を決定し、裁判所はそれに拘束されます（民訴法２４６条）。原告が訴訟物として何を選択したのかについては、通常は訴状の記載を合理的に解釈して判断します。

(2) 訴訟物の特定

原告が訴えを提起するには訴訟物を特定しなければなりませんが、訴訟物の特定の仕方は、権利の性質によって異なります。

本問では、売買契約に基づく履行請求権としての代金支払請

求権が主張されており、この請求権が訴訟物となります。このような債権的請求権としての契約に基づく履行請求権は、請求権の主体及び相手方と権利の内容（給付内容及び発生原因）によって特定されると考えられます。そして、売買契約に基づく履行請求権としての代金支払請求権の場合は、通常、契約の当事者、締結日、目的物、代金額等によって特定されます。例えば、本問については、「令和４年２月３日にＸ・Ｙ間で締結された甲土地の代金２０００万円での売買契約に基づくＸのＹに対する代金２０００万円の支払請求権」として特定されることになるでしょう。

　もっとも、これらの特定要素をどこまで具体的に記載するかは、他の訴訟物と誤認混同を生じさせる可能性があるかという相対的な問題となります。本書の解説では、訴訟物の法的性質を把握することを中心として学ぶという観点も考慮して、訴訟物の記載は簡略なものに止めることとし、本問の訴訟物についても、「売買契約に基づく代金支払請求権」という程度に記載することにします。

(3)　訴訟物の個数

　訴えの併合や二重起訴の禁止を考える場合など、訴訟物の個数について検討すべき場面は少なくありません。

　本問のような通常の売買契約に基づく代金支払請求権は、契約ごとに発生するものですから、その訴訟物の個数も契約の個数と一致することになります。したがって、本問の場合の訴訟物の個数も１個となります。

```
┌─────────────────────────────────────────┐
│  売買契約に基づく代金支払請求権　　1個    │
└─────────────────────────────────────────┘
```

4　要件事実とその役割

(1)　要件事実の意義

　　民事訴訟において、裁判所は、原告が訴訟物として主張する一定の権利又は法律関係の存否について判断しなければなりません。権利又は法律関係は、観念的な存在ですから、裁判所は、民法などの実体法規において、一定の要件が満たされればその効果として一定の権利が生じると定められている場合に、この要件に該当する具体的事実が存在するとの認識を通じて、その権利が発生したと判断することになります。

　　実体法の多くは、権利の発生、障害、消滅、阻止という法律効果の発生要件を規定したものであり、この発生要件を講学上、法律要件又は構成要件と呼んでいます。

　　要件事実の意味については、講学上異なる理解もありますが、本書では、このような一定の法律効果（権利の発生、障害、消滅、阻止）を発生させる法律要件に該当する具体的事実を要件事実ということにします。要件事実をこのように理解する考え方では、要件事実と主要事実は同義ということになります。

　　そして、ある権利の存否の判断は、その権利の発生、障害、消滅、阻止の法律効果を生じさせる法律要件に該当する事実（要件事実）の存否とその組合せによって行います。すなわち、ある権利について、その権利の発生要件に該当する事実の存在が認められた場合は、その発生障害要件、消滅要件又は行使阻止要件のいずれかに該当する事実が認められない限り、現に（厳

密には事実審の口頭弁論終結時において)、その権利が存在し、行使できるものと認識することになります。

　これをイメージとして図示すると次のとおりです。

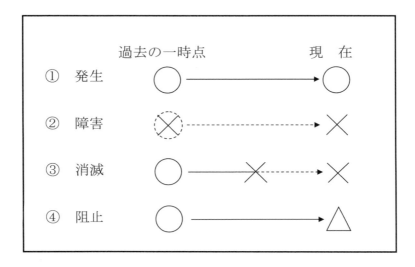

　上図で、過去の一時点と現在とを比べて考えてみます。

　①のように、過去の一時点において権利の発生要件に該当する事実があり、権利が発生(上図の○印)すれば、この発生した権利は現在も存在する(○)と扱われます(第6問4(2)ア参照)。

　②のように、過去の一時点において権利の発生要件に該当する事実があっても(⊘)、その発生障害要件に該当する事実があれば、権利が発生しないことになる(×)ので、現在も権利はない(×)と扱われます。

　③のように、過去の一時点において権利が発生(○)しても、後にその消滅要件に該当する事実が生ずれば、その段階で権利

は消滅し（×）、現在も存在しない（×）と扱われます。

　④のように、過去の一時点において権利が発生し（○）、現在もその権利が存在していると扱われても、その行使阻止要件に該当する事実がある場合には、権利を行使できない（△）ことになります。

(2)　主張責任と立証責任

　弁論主義の下では、訴訟資料の提出は、当事者の責任であり権限でもあります。したがって、法律効果の判断に必要な要件事実は当事者が口頭弁論で主張したものに限られ、主張がなければ、たとえその事実が証拠によって認められるときでも、裁判所はその事実を当該法律効果の判断の基礎とすることは許されません。このように、ある法律効果の発生要件に該当する事実が弁論に現れないために、裁判所がその要件事実の存在を認定することが許されない結果、当該法律効果の発生が認められないという一方の当事者の受ける訴訟上の不利益又は危険を主張責任と呼びます。

　また、権利の発生、障害、消滅、阻止の各法律効果の発生が認められるためには、その要件事実が欠けることなく存在する必要があります。訴訟においてその存在が争われるときは、証拠によってこれを立証しなければならず、この立証ができなかったときは、当該法律効果の発生は認められないことになります。このように、訴訟上、ある要件事実の存在が真偽不明に終わったために当該法律効果の発生が認められないという一方の当事者の受ける訴訟上の不利益又は危険を立証責任と呼びます。

(3)　主張・立証責任の分配

　(1)に解説したとおり、要件事実とは、一定の法律効果を発生

させる法律要件に該当する具体的事実であり、要件事実が何か、その主張・立証責任がどちらに分配されるかは、実体法規の解釈によって決められるとした上で、権利を発生させるもの（売買契約の締結（民法５５５条）など）、発生を障害するもの（虚偽表示（同法９４条１項）など）、消滅させるもの（弁済（同法４７３条）など）及び行使を阻止するもの（同時履行の抗弁権（同法５３３条本文）など）に分類し、その法律効果の発生によって利益を受ける当事者に主張・立証責任があると考える立場が有力です（もっとも、この点については、主張責任と立証責任とは必ずしも一致しない場合があるとする考え方もあります。）。

⑷　要件事実の機能

　以上のような考え方を前提に、主張・立証責任の分配を踏まえて実体法規を分析し、当事者の求める法律効果を発生させるために必要な法律要件を明らかにした上で、それを構成する個々の要件ごとに、これに当てはまる要件事実に関する主張を具体的に検討していくことになります。このようにして必要な要件事実を明確にすることは、裁判所にとっても、当事者にとっても、事案を的確に把握して早期に争点を整理し（民訴法１６４条～１７８条）、審理の目標を明確にして、迅速かつ妥当で効率的な審理及び判断を実現するという重要な機能を有しています。もちろん、要件事実以外の事実についても、それらの事実が、当該訴訟における要件事実（主要事実）の存在を推認させ、あるいは推認を妨げる働きをする間接事実として重要な意味を持つことも多くありますので、このような間接事実が実際の訴訟上果たす役割にも十分に留意することが必要です。ただ、

そのような間接事実を適切に把握する上でも、何が要件事実（主要事実）であるのかを明確にすることが大切です。

5　請求原因－売買代金支払請求の要件事実

考え方のポイント
民法５５５条は、売買契約が成立するための要件として何を要求しているかを考えよう。

(1)　請求原因

　　請求原因とは、訴訟物である権利又は法律関係を発生させるために必要な法律要件に該当する事実ですから、「売買契約に基づく代金支払請求権」という権利を発生させるために必要な法律要件は何かを明らかにした上で、これに該当する事実が何かを考えることが必要となります。

　　契約により発生する債権に基づいて履行請求をする場合に、その前提となる契約の成立要件をどのように考えるかについては、さまざまな考え方があります。この点について、契約の効力が生ずる根拠が民法典の典型契約の冒頭規定にあるとする考え方に従えば、冒頭規定に定められた要件が一般に契約の成立要件に当たるということになります。そして、売買の冒頭規定である民法５５５条は、「売買は、当事者の一方がある財産権を相手方に移転することを約し、相手方がこれに対してその代金を支払うことを約することによって、その効力を生ずる。」と規定していることから、この冒頭規定を解釈すれば、売買代

金債権の発生に必要な要件は、財産権（目的物）の移転及びその対価たる代金支払についての各合意、すなわち売買契約の締結だけであるということになります（なお、この見解と異なり、契約により発生する債権に基づいて履行請求をすることができる根拠は、典型契約・非典型契約を通じて、契約当事者の合意に求められるべきであるとする見解もあります。本書では、本文に記載した考え方に従って検討例を示していくことにします。）。

　その考え方によれば、売主Xが買主Yに対して売買契約に基づき代金の支払を請求する場合、Xは、請求原因として、

　　売買契約を締結したこと

という要件に該当する事実を主張すれば足りるのです。

(2)　要件事実として主張すべき事実

　本問では、Xは、Yとの契約に関するさまざまな事情を言い分として述べています。そこで、XがYとの間で売買契約を締結したことという要件を分析し、これらの事情のうち何が要件事実に当たるのかについて検討します。

　ア　目的物及び代金額

　　民法５５５条の規定によれば、売買契約が成立するための要件は、財産権（目的物）の移転及び代金支払についての各合意です。そして、その合意があったといえるためには、目的物と代金額又は代金額の決定方法が確定していることが必要になります。本件では、Xは、目的物を甲土地、代金額を２０００万円とする上記の各合意があったと主張しています。これらの事実をどこまで具体的に主張する必要があるかは、履行請求の内容や相手方の争い方等との関係で相対的に決せ

られる問題と考えられますが、本件のような代金支払請求においては、代金額又は代金額の決定方法を明確に主張する必要があります。

イ　代金債務の履行期限

　アのように、売買契約が成立するための要件が、財産権（目的物）の移転及び代金支払についての各合意であると考えると、代金債務の履行期限の合意は、契約の成立要件として必要ではないと考えられます。また、上記の要件が満たされて売買契約が成立した場合には、売主であるXは、特に期限の合意がない限り、直ちに代金を支払うよう求めることができると考えられますので、Xとしては、売買契約の締結に当たる事実のみを主張・立証すれば足り、期限の合意及びその期限の到来に当たる事実を主張・立証する必要はないことになります。期限の合意に当たる事実は、Yが主張・立証責任を負う抗弁であり、さらにその期限の到来に当たる事実は、期限の合意に対するXの再抗弁になります（第3問参照）。

ウ　売主の目的物所有

　民法555条は、売買の目的物の所有権の帰属について何も要求していません。また、売買契約は、他人の物についても成立します（民法561条）。したがって、売主が目的物を所有しているかどうかは、売買契約が成立するための要件にはなりません。

　本問の言い分でXが所有権の取得原因として述べている甲土地を相続により承継取得したとの事実は、売買契約が成立するための要件とは無関係の事実ですので、要件事実ではありません。

エ　土地の引渡し

　　目的物の引渡しも、同様に売買契約が成立するための要件とされておらず、これに当たる事実は要件事実ではありません。

オ　代金の不払

　　前述のように、売主は、売買契約が成立すれば直ちに代金を支払うよう求めることができると考えられますので、代金が支払われていないことは、代金支払請求のための要件とはなりません（代金支払の事実は、Ｙが主張・立証責任を負う抗弁になります。第５問参照）。

(3)　本問の請求原因

　　以上を前提とすれば、本問の場合、Ｘは、請求原因として、例えば、次のように主張することになります。

　　原告は、被告に対し、令和４年２月３日、甲土地を代金２０００万円で売った。

　　以上のような考え方によれば、甲土地の所有権の帰属や代金支払期日について当事者の主張が食い違ったとしても、それらは本問の請求原因としては不必要な事情ということになります。

　　このように、ある法律効果を導くために必要な要件事実を把握するには、その法律効果を発生させる実体法規の定める法律要件とそれを構成する個々の要件が何かを理解しておくことが必要になります。

6 請求原因に対する認否

(1) 認否の態様

当事者の一方が一定の事実を主張した場合に、その相手方が行う事実の認否の態様は、

　　　自白（認める）、否認、不知（知らない）、沈黙

のいずれかとなります。

不知は、その事実を争ったものと推定され（民訴法１５９条２項）、沈黙は、弁論の全趣旨から争っていると認められるとき以外は、自白したものとみなされます（擬制自白。民訴法１５９条１項）。

当事者間で争いのない事実、すなわち当事者が自白した要件事実（主要事実）は、弁論主義の下では、証拠によって認定する必要がないのみならず、裁判所も自白に拘束され、自白した事実に反する事実を認定することも許されません（裁判上の自白。民訴法１７９条）。

また、要件事実についていったん自白が成立した場合には、その撤回は、①刑事上罰すべき他人の行為により自白したとき、②相手方の同意があるとき、又は③自白の内容が真実に反し、かつ、自白が錯誤によってされたときを除き、許されないとされています。

(2) 認否の必要性

自白が成立した要件事実は、そのまま判決の資料として採用しなければならず、他方、否認又は不知とされた要件事実は、証拠調べによりその存在を立証しなければなりません。裁判所は、事案を的確に把握して早期に争点を整理し（民訴法１６４条～１７８条）、また、証拠調べの要否を判断し、迅速かつ妥

当で効率的な審理及び判断を実現するためにも、請求原因事実について認否を求めることが不可欠です。

(3) 否認と抗弁

　本問で、「原告は、被告に対し、令和4年2月3日、甲土地を代金2000万円で売った。」という事実が認められれば、これにより、令和4年2月3日の時点での売買代金支払請求権の発生が根拠付けられます。そして、この権利について障害、消滅、阻止という法律効果を生じさせる法律要件に該当する事実が認められない限り、いったん発生した上記請求権は現在（口頭弁論終結時）も存在しているものと扱われます。

　このような請求原因の主張に対して、被告の争い方は二つあります。一つは、請求原因を否認する争い方です。もう一つは、抗弁を主張する争い方です。被告は、請求原因を否認又は不知と認否した場合でも抗弁を主張することができます。

　抗弁の主張・立証責任は被告に分配されますが、被告の主張が抗弁に当たるには、①その主張事実が請求原因事実と両立すること、②その主張の法律効果が請求原因から生じる法律効果を妨げる（障害し、消滅させ又は阻止する）ことが必要です。請求原因と両立しない事実であれば、それは否認です（抗弁の種類・内容についての詳しい解説は、第2問6参照）。

(4) 本問の認否

　ア　Yは、「甲土地を売買することについては、両者とも異論がなかったのですが、結局、代金の折り合いがつきませんでした。」と述べています。これは代金額が折り合わなかったために、結局、売買契約を締結しなかったということですので、売買契約の締結についてXが主張した前記事実とは両立

せず、売買契約の否認ということになります。「代金が折り合わなかった」というYの主張は、売買契約の締結を否認する理由に当たり、積極否認又は理由付き否認と呼ばれています（民訴規則７９条３項参照。以下「積極否認」といいます。）。

イ　Yは、「甲土地については、Xが相続で取得したのではなく、叔父Aから贈与されたものと聞いています。」とも述べていますが、これは、売買契約が成立するための要件とは無関係の事実ですので（前記５(2)ウ参照）、請求原因に対する否認にも抗弁にも当たりません。

ウ　なお、本問では、Yは抗弁に当たる事実を主張していません。

請求原因は否認する。

7　事実記載例

第１問について、当事者の主張を整理すると次のとおりです。

1　請求原因
(1)　原告は、被告に対し、令和４年２月３日、甲土地を代金２０００万円で売った。
(2)　よって、原告は、被告に対し、上記売買契約に基づき、代金２０００万円の支払を求める。
2　請求原因に対する認否
　請求原因(1)は否認する。

「よって書き」とは？

　民訴法２５３条２項は、判決書の記載事項について、「事実の記載においては、請求を明らかにし、かつ、主文が正当であることを示すのに必要な主張を摘示しなければならない。」としています。

　在来様式の判決書の事実摘示では、請求原因の最後に、原告の主張を締めくくり、請求の趣旨と結びつける要約（よって書き）の記載をするのが通例となっています。これには、請求原因に基づく原告の法律上の主張として、①訴訟物、②給付・確認・形成の別、③全部請求・一部請求の別、④併合態様を明らかにするという機能があります。

　事実記載例では、判決書の事実摘示の記載にならって、よって書きを記載しています。

　よって書きは事実ではないので、認否は不要です。

　なお、原告が訴状を作成する場合も、その実質的記載事項である、請求を理由付ける請求原因事実（民訴規則５３条１項）の記載について、請求原因の最後のまとめとして、よって書きを記載し、原告が求める請求がどのような権利又は法律関係に基づくのかを結論付けるとともに、原告が求める請求の趣旨と請求原因の記載との結びつきを明らかにすべきであるとされています。

8 ブロック・ダイアグラム

⑴ 本問のブロック・ダイアグラム

　　第1問では、Yの言い分は、Xの主張する請求原因事実に対する否認のみで、抗弁の主張はありません。したがって、当事者の主張をブロック・ダイアグラムで図示すると次のようになります。

請求原因

あ	X・Y　R4.2.3　甲土地売買 代金2000万円	×

⑵ ブロック・ダイアグラムの説明

　　要件事実の考え方で、XY双方の言い分を分析すると、Xの請求を基礎付ける請求原因事実の主張と、これに対するYの認否、さらに、請求原因事実から生ずる法律効果の発生を障害し、これを消滅させ、又は権利の行使を阻止するYの抗弁事実の主張というような攻撃防御の構造になることが理解できるでしょう。

　　このような訴訟における攻撃防御の構造や相互関係を把握する際、これを図式化した「ブロック・ダイアグラム」と呼ばれる図を用いると、理解を深めるのに役立ちます。

　　本書でも、このようなブロック・ダイアグラムを用いて説明をすることにしますが、抗弁や再抗弁の主張がされた事案について、ブロック・ダイアグラムにより攻撃防御の構造を図示すると、次のようになります。

〔ブロック・ダイアグラムのモデル〕

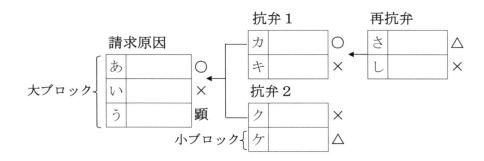

　ブロック・ダイアグラムにおいては、一つ一つの 　　　　　 の中には、法律要件とそれを構成する個々の要件を意識しながら、具体的な要件事実の内容を要約して記載しています。この一つ一つの 　　　　　 を小ブロックと呼び、一定の権利の発生、障害、消滅、阻止の法律効果を発生させる一群の小ブロックのまとまりを大ブロックと呼んでいます。

　個々の具体的な要件事実に対する認否については、要件事実ごとに、自白を「○」、否認を「×」、不知を「△」と表示し、顕著な事実（民訴法１７９条）については「顕」と表示しています。

第2問 売買代金支払請求（消滅時効の抗弁）

> ### Xの言い分
>
> 　私は、令和2年6月3日に、先祖代々受け継いで私が所有していた甲土地を、是非欲しいと言ってきたYに売りました。その日に、代金2000万円で売買契約をし、その日のうちに甲土地を引き渡しました。ところが、Yは、いろいろと文句を言ってその代金を支払ってくれません。そこで、代金2000万円の支払を求めます。
>
> ### Yの言い分
>
> 　この土地は、私が欲しいと言ったわけではなく、Xが相続税の支払に困って売却することになったものです。私としては、人助けの気持ちで買ってあげようかとも思ったのですが、結局、売買契約締結には至りませんでした。仮に、売買契約が成立していたとしても、その代金2000万円の支払債務は、既に5年の時効にかかって消滅しています。

※　本問の検討は令和7年9月30日の時点を基準として行ってください。

【解説】

1　事案

　本問では、XがYに対して土地の売買契約に基づき代金の支払を求めています。これに対し、Yは、売買契約は成立していない

と主張するとともに、売買代金の支払債務は既に5年の消滅時効にかかっていると主張して争っています。

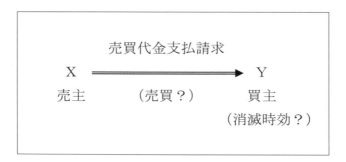

2　請求の趣旨

被告は、原告に対し、2000万円を支払え。

3　訴訟物

売買契約に基づく代金支払請求権　1個

4　請求原因

　原告は、被告に対し、令和2年6月3日、甲土地を代金2000万円で売った。

5 請求原因に対する認否

　Xが、令和2年6月3日に土地の売買契約を締結したと主張しているのに対し、Yは、「結局、売買契約締結には至りませんでした。」と主張しています。したがって、請求原因に対する認否は、「請求原因は否認する。」ということになります。

> 請求原因は否認する。

6 否認と抗弁

考え方のポイント
　否認と抗弁の違いについて考えよう。

(1) 抗弁の意義

　本問では、第1問と異なり、Yは、売買契約を否認するだけではなく、「仮に、売買契約が成立していたとしても、その代金2000万円の支払債務は、既に5年の時効にかかって消滅しています。」と主張しています。この主張は、抗弁に該当する主張です。本問では、抗弁について詳しい解説をします。

　ア　原告の主張する請求原因を認めることを前提として、又は請求原因を否認若しくは不知と認否した上でその事実が証拠上認められることを前提として、請求原因と両立し、かつ、請求原因が存在することによる権利（法律効果）の発生を障害し、これを消滅させ、又は権利の行使を阻止する法律要件

に該当する事実が主張されることがあります。このような事実の主張を「抗弁」といいます。

イ　上記のとおり、抗弁は、請求原因が存在することを前提にしますが、被告は、請求原因を認めた場合だけでなく、請求原因を否認した場合でも、抗弁を主張することができます。本問においても、被告は、請求原因を否認しながらも、消滅時効の抗弁を主張しています。

ウ　抗弁の構造をもう少し具体的に見てみましょう。過去の一時点において、ある権利の発生要件に該当する事実が認められた場合、現在もその権利が存在するものと扱われます（第1問4(1)図の①）。しかし、ある権利の発生要件に該当する事実が認められたとしても、その権利の発生障害要件に該当する事実、権利の消滅要件に該当する事実、又は権利の行使阻止要件に該当する事実が認められる場合には、現在、その権利はないものと扱われるか（同図の②、③）、又はその権利を行使できなくなります（同図の④）。

　　例えば、次頁の図のとおり、過去の一時点に売買契約が締結されたという事実が認められれば、その時点で売買代金支払請求権が発生し、これが現在も存在すると扱われます。これに対して、その後にその売買代金を支払ったとの事実が認められれば、その時点で、一旦発生した売買代金支払請求権は消滅し、現在、その請求権は存在しないと扱われることになります。このように、原告が、売買契約の締結に当たる事実を主張して、売買代金の支払を請求し、当該事実が立証されたとしても、被告が、その売買代金の弁済に当たる事実を主張・立証すれば、原告は、もはや売買代金の支払を請求で

きなくなります。このような弁済の主張は、請求原因と両立し、かつ、請求原因が存在することにより発生する権利を消滅させるものとして、抗弁に位置付けられることになります。

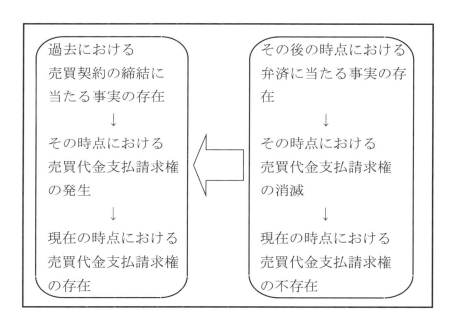

過去における
売買契約の締結に
当たる事実の存在
　　↓
その時点における
売買代金支払請求権
の発生
　　↓
現在の時点における
売買代金支払請求権
の存在

その後の時点における
弁済に当たる事実の存
在
　　↓
その時点における
売買代金支払請求権
の消滅
　　↓
現在の時点における
売買代金支払請求権
の不存在

(2)　抗弁の種類

　　抗弁には、前記のとおり、障害、消滅、阻止の３種類があります。

　ア　売買契約の締結に当たる事実があったとしても、虚偽表示（民法９４条１項）などの事実があれば、その契約は初めから無効であって、何らの法律効果も発生せず、この契約に基づく代金支払請求権も発生しなくなります。このような抗弁を障害の抗弁といいます。

　イ　売買契約の締結後に、その契約から発生した代金支払請求

権について、弁済（民法４７３条）、代物弁済（同法４８２条）などの事実があれば、その請求権は消滅します。このような抗弁を消滅の抗弁といいます（上記(1)ウ参照）。本問でＹが主張している５年の消滅時効は、この消滅の抗弁に該当します。

ウ　売買契約締結の事実があったとしても、被告が同時履行の抗弁（民法５３３条）を主張すれば、被告は、原告による代金支払請求権の行使を一時的に阻止することができます。留置権（同法２９５条）なども同様の機能を果たします。このような抗弁を阻止の抗弁といいます。

7　消滅時効の抗弁の要件事実

考え方のポイント

消滅時効の条文に基づいて本問の要件事実がどうなるかを分析してみよう。期間の計算も条文に基づいてしてみよう。

(1)　代金債権の時効消滅の要件事実

Ｙの５年の消滅時効の主張は、代金債権の消滅原因となりますから、抗弁となります。

主観的起算点から５年の消滅時効の法律要件は、

①　権利を行使することができる状態になったこと（民法１６６条１項１号）

②　債権者が①を知ったこと（同号）

③　②の時から５年間が経過したこと（同号）

④　援用権者が相手方に対し時効援用の意思表示をしたこと(同
　法１４５条)
です。

　　このうち、①と②の要件に当たる事実は、時効消滅の効果を
主張する者が本来主張・立証すべきものです。しかし、本問で
は、Xが、売買契約の締結に当たる事実を請求原因で主張する
ことにより、売買契約が締結された時から代金債権を行使し得
る状態であったこと及びXがこれを知ったことが現れていると
みることができます。抗弁は請求原因を前提としており、この
ように①と②の要件に当たる事実（売買契約の締結に当たる事
実）が既に請求原因に現れている以上、Yは抗弁で改めてこれ
を主張する必要はありません。

　　なお、民法１６６条１項１号は、権利を「行使しないとき」
と定めていますが、権利を行使しなかったことについては、同
法１４７条１項等が権利の行使を時効の完成猶予事由として定
めていることから考えて、消滅時効を主張する者が主張・立証
責任を負うものではなく、債権者において一定の権利行使をし
たことが、時効の完成猶予事由として、相手方の主張・立証責
任を負う再抗弁になると考えられます。

　　したがって、Yが主観的起算点から５年の消滅時効の抗弁と
して主張しなければならない要件事実は、③と④の要件に該当
する具体的事実ということになります。
(2)　時効期間の経過
　　本問においてXは、令和２年６月３日に売買契約が締結され
たと主張しています。売買契約が締結されれば、売主は買主に
対して直ちに代金債権を行使することができることを認識しま

すから、その権利を行使することができることを知ったのは令和２年６月３日です。しかし、消滅時効の期間計算は、民法１４０条本文により、初日を算入せずに翌日からするものと解されています（最判昭 57.10.19 民集 36.10.2163[45]）から、本問では、令和２年６月４日から時効期間を計算することになります。そして、同法１４３条により、令和２年６月４日から５年を経過した時、すなわち、令和７年６月３日経過時に時効期間が満了することになります。

　要件事実としては、「令和７年６月３日は経過した。」などと記載することになります。

(3)　時効援用の意思表示

　時効の援用の法的性質及び効果については、見解が分かれていますが、最高裁判決には、民法１４５条及び１４６条は、時効による権利消滅の効果は当事者の意思をも顧慮して生じさせることとしていることが明らかであるから、時効による債権消滅の効果は、時効期間の経過とともに確定的に生ずるものではなく、時効が援用されたときにはじめて確定的に生ずるものと解するのが相当であるとして、不確定効果説のうち停止条件説を採ることを明らかにしたとされるものがあります（最判昭 61.3.17 民集 40.2.420[10]）。

　この説に立てば、援用は、時効によって不利益を受ける者に対する実体法上の意思表示となります。

　なお、本問の言い分では、時効援用の意思表示がいつ行われたかは明らかではありません。仮に、本問で時効援用の意思表示が令和７年９月３０日の口頭弁論期日に行われたとした場合には、時効援用の意思表示に該当する事実は、「被告は、原告

に対し、令和7年9月30日の本件口頭弁論期日において、時
効を援用するとの意思表示をした。」ということになります。
もっとも、この事実は、後記のとおり、顕著な事実として立証
の対象とはなりませんから、「被告は、原告に対し、令和7年
9月30日、時効を援用した。」といった程度の記載でも足り
ると考えられます。

(4) 本問の抗弁

以上によれば、Yの消滅時効の抗弁は、

---

1 令和7年6月3日は経過した。
2 被告は、原告に対し、令和7年9月30日、上
記時効を援用した。

となります。

8 抗弁に対する認否

Xは、抗弁に対し、認否をすべきことになります。しかし、「令
和7年6月3日は経過した。」という事実は公知の事実です。ま
た、「被告は、原告に対し、令和7年9月30日、時効を援用し
た。」との事実も、その援用が口頭弁論期日でなされたとすれば、
裁判所が職務上知り得た事実です。したがって、いずれも顕著な
事実として立証が不要なもの(民訴法179条)となり、立証を
要するかどうかを区別するための認否も不要となります。

　上記のような整理をすると、本問では、Yの主張する消滅時効の抗弁が認められることになりますので、これに対して、Xにおいて何らかの再抗弁を主張できるかが問題となります。本問では、この点のXの主張は明らかではありませんが、消滅時効の抗弁に対し、どのような事実があれば再抗弁として構成できるか、条文を手がかりとして考えてみよう。

9　事実記載例

　1　請求原因
　⑴　原告は、被告に対し、令和2年6月3日、甲土地を代金2000万円で売った。
　⑵　よって、原告は、被告に対し、上記売買契約に基づき、代金2000万円の支払を求める。
　2　請求原因に対する認否
　　請求原因⑴は否認する。
　3　抗弁
　　消滅時効
　⑴　令和7年6月3日は経過した。
　⑵　被告は、原告に対し、令和7年9月30日、上記時効を援用した。

10 ブロック・ダイアグラム

請求原因

あ	X・Y　R2.6.3
	甲土地売買
	代金2000万円

×

←

抗弁（消滅時効）

カ	R7.6.3経過	顕
キ	Y→X　R7.9.30	顕
	時効援用	

第3問　売買代金支払請求（履行期限の抗弁）

> **Xの言い分**
>
> 　私は、Yに対し、令和4年10月15日、甲パソコンを代金20万円、支払期日同月25日の約定で売り、これを引き渡しました。そこで、私は、Yに対し、代金20万円の支払を求めます。
>
> **Yの言い分**
>
> 　私がXから甲パソコンを買ったのは間違いありませんが、代金は令和5年1月31日に支払う約束で、まだその日は来ていません。

【解説】

1　事案

　本問では、XがYに対して甲パソコンの売買代金の支払を求めています。これに対し、Yは、Xと合意した代金支払期日は未到来であるとして争っています。

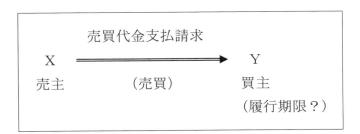

2　請求の趣旨

> 被告は、原告に対し、２０万円を支払え。

3　訴訟物

> 売買契約に基づく代金支払請求権　１個

4　請求原因－売買代金支払請求の要件事実と履行期限

考え方のポイント

　契約に条件や期限が付されている場合、その条件や期限が、その契約が成立するための要件といえるかを考えよう。

(1)　売買代金支払請求の要件事実と履行期限

　　本問では、代金支払期日の合意についてＸとＹの主張が対立していますが、売買契約における代金債務の履行期限の合意のように、当事者は、法律行為の効力の発生や消滅、法律行為から生じる債務の履行を、将来の一定の事実にかからせる旨の合意をすることができます。このような合意が条件・期限であり、法律行為の付款と呼ばれています。

　　ところで、条件又は期限という法律行為の付款の位置付け及

びその主張・立証責任の分配をどのように考えるかについては、見解が分かれています。

　この点については、条件又は期限が、その対象となる法律行為の成立要件と不可分なもの、ないしはその一内容をなすものとし、契約に基づき履行請求をする場合に、当該契約に条件又は期限が付されているかどうかは、当該請求をする当事者が請求原因として主張・立証責任を負うとする見解もあります。この考え方によれば、売買代金債権の発生要件として売買契約の成立を主張する場合には、条件又は期限に関する合意があればこれを伴う契約の締結を、なければこれを伴わない契約の締結をそれぞれ主張しなければならないと考えられます。

　これに対し、契約に基づき履行請求する場合の前提となる当該契約の成立要件について、民法典の典型契約の冒頭規定に定められた要件が一般に契約の成立要件に当たると考える立場（第1問5⑴参照）に従えば、売買代金債権の発生に必要な要件は、売買契約の締結だけであり、条件や期限の合意は、要件とならないと考えられます。この考え方によれば、売主であるＸが、代金の支払を請求するためには、確定期限の合意及びその期限の到来に当たる事実を主張・立証する必要はなく、買主であるＹが確定期限の合意に当たる事実を抗弁として、これに対しＸがその期限の到来に当たる事実を再抗弁として、それぞれ主張・立証することになります。

　そこで、以下、本書では、この考え方に従って検討例を示していくことにします。

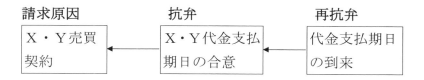

請求原因	抗弁	再抗弁
X・Y売買契約	← X・Y代金支払期日の合意	← 代金支払期日の到来

(2)　本問の請求原因

　　　以上を前提とすれば、Xは、代金支払請求の請求原因として、

> 　　　原告は、被告に対し、令和4年10月15日、甲
> パソコンを代金20万円で売った。

と主張すれば足りることになります。

5　請求原因に対する認否

　　これに対するYの認否は、Xから甲パソコンを買ったのは間違いないとするものですから、「認める。」となります。

> 請求原因は認める。

6 履行期限の抗弁の要件事実

一方、Yは、履行期限の抗弁として、

> 　　原告と被告は、本件売買契約の際、代金支払期日
> を令和5年1月31日とするとの合意をした。

と主張することになります。そして、4で解説したとおり、Xが
確定期限の到来に当たる事実を再抗弁として主張することになり
ますから、Yは、抗弁として主張する代金支払期日について「未
到来である。」などと主張する必要はありません。

7 抗弁に対する認否

Xは、Yが主張する代金支払期日とは別の日を代金支払期日で
あると主張していることから、Yが主張する代金支払期日の合意
を否認しているといえます。

> 抗弁は否認する。

8 事実記載例

```
1  請求原因
⑴  原告は、被告に対し、令和4年10月15日、
   甲パソコンを代金20万円で売った（以下「本件
   売買契約」という。）。
⑵  よって、原告は、被告に対し、本件売買契約に
   基づき、代金20万円の支払を求める。
2  請求原因に対する認否
   請求原因⑴は認める。
3  抗弁
   履行期限
   原告と被告は、本件売買契約の際、代金支払期日
  を令和5年1月31日とするとの合意をした。
4  抗弁に対する認否
   抗弁は否認する。
```

9 ブロック・ダイアグラム

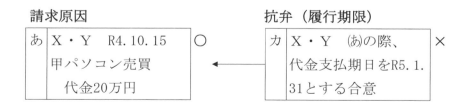

請求原因

| あ | X・Y R4.10.15
甲パソコン売買
代金20万円 | ○ |

抗弁（履行期限）

| カ | X・Y ㋐の際、
代金支払期日をR5.1.
31とする合意 | × |

第2章　貸金返還請求訴訟

第4問　貸金返還請求

Ｘの言い分

　私は、令和３年８月８日に、娘Ａの夫Ｙが、事業の運転資金として是非とも２０００万円を融資してほしいと懇願してきたので、同日、Ｙとの間で、利息年１割、返済期日同年１２月１日の約束で２０００万円を貸すという合意をし、合意をしたその日にＢ銀行に行って、Ｙに同額の現金を渡しました。

　ところが、Ｙは、「返す必要のない金だ。」などと難癖をつけてその貸金を返済してくれません。もっとも、利息まで返済させるのはかわいそうに思いますので、貸金元本２０００万円の支払だけを求めます。

Ｙの言い分

　確かに私は妻Ａの父であるＸから２０００万円の現金を受け取っていますが、これは選挙に出馬するための資金に充てるようにとＸが私に贈与してくれたものです。事業の運転資金というのは違います。Ｘも当然分かっているとおり、このお金は選挙資金に使っていますので、返せる当てなど当初からありませんでした。ですから、このお金は返済の必要がない金員です。なぜ、このように今更返済せよなどとＸが言い出したかと申しますと、Ａと私との結婚生活は破綻しており、もうすぐ離婚することになってしまったからです。

【解説】
1 事案

　本問では、XがYに対して２０００万円を貸し付けたとしてその返済を求めています。これに対し、Yは、Xから同額の金員を受け取った事実はあるものの、それは贈与されたものであるから返済する義務はないとして争っています。

2 請求の趣旨

　　被告は、原告に対し、２０００万円を支払え。

3 訴訟物

　Xの言い分によれば、成立に書面又は電磁的記録を要する諾成的消費貸借契約（民法５８７条の２）ではなく、要物契約である消費貸借契約（同法５８７条）が主張されていますから、本問における訴訟物は、「消費貸借契約に基づく貸金返還請求権」です。

　また、本問のような通常の消費貸借契約に基づく貸金返還請求権は、契約ごとに発生するものと考えられますので、訴訟物の個数は契約の個数によって定まることになります。本問の場合、消

費貸借契約の個数は1個ですから、訴訟物の個数も1個です。

消費貸借契約に基づく貸金返還請求権　　1個

4　請求原因－貸金返還請求の要件事実

考え方のポイント

貸借型の契約の特質について考えてみよう。

(1)　消費貸借契約の成立

　　本問における訴訟物は消費貸借契約に基づく貸金返還請求権
です。

　　そこで、実体法規の解釈に基づいて、訴訟物である権利を発
生させるための法律要件を構成する要素（要件）は何かを考え
ることになります（第1問5参照）が、消費貸借契約に関する
冒頭規定である民法587条は、「当事者の一方が種類、品質
及び数量の同じ物をもって返還をすることを約して相手方から
金銭その他の物を受け取ることによって」効力を生ずる旨を定
め、この契約が要物契約であることを明らかにしています。そ
うすると、金銭消費貸借契約の成立のために必要な要件は、①
金銭の返還の合意をしたこと、②金銭を交付したことであるこ
とが分かります。

(2)　貸借型の契約の特質

　　ところで、消費貸借契約は、貸主が交付した金銭その他の物

を借主に利用させることを目的とする契約ですから、契約成立からその返還をするまでの間に、一定の期間があることが必要になると考えるのが一般的です。もし、売買契約の場合と同様に、消費貸借契約を締結するのと同時に返還をしなければならないと考えた場合には、当事者が消費貸借契約を締結する目的を全く達成することができない結果になるからです。

　したがって、消費貸借契約や使用貸借契約、賃貸借契約のような貸借型の契約は、その性質上、貸主において一定期間その目的物の返還を請求できないという拘束を伴う関係であるということができます。

⑶　消費貸借契約に基づく貸金返還請求権の発生時期（消費貸借契約の終了）

　上記のような貸借型の契約の特質を考慮すると、このような類型の契約においては、契約関係が終了した時に初めて、貸主は借主に対して目的物の返還を請求することができる（返還請求権が発生する）ことになります。したがって、消費貸借契約に基づく貸金返還請求権は、契約の終了を要件としていることになり、返還の時期についての約定の有無及びその内容に応じて、次の各時期に発生することになると考えられます。

　まず、当事者間に貸金の返還時期についての合意がある場合には、その期限が到来した時に貸金返還請求権が発生することになります。したがって、貸金返還請求権の発生のためには、返還時期の合意の内容が確定期限の合意であれば、その確定期限の定めとその到来を、不確定期限の合意であれば、その不確定期限の定めとその期限の到来を、消費貸借契約の終了の要件に該当する事実として、それぞれ主張することが必要になりま

す。

　これに対して、当事者間に貸金の返還時期についての合意がない場合には、貸主は相当の期間を定めて返還の催告をすることができるとされており（民法５９１条１項）、これによれば、貸主が借主に返還の催告をし、その後相当期間が経過することによって、貸金返還請求権が発生することになります。

(4)　貸金返還請求権を発生させる要件

　以上によれば、本問のように、確定期限による返還時期の合意がある場合の貸金返還請求権を発生させる要件は、次のとおりとなります。

ア　消費貸借契約の成立

　(ｱ)　金銭の返還の合意をしたこと（①）

　(ｲ)　金銭を交付したこと（②）

イ　消費貸借契約の終了（返還時期の合意とその到来）

　(ｱ)　返還時期の合意をしたこと（③）

　(ｲ)　イ(ｱ)の返還時期の到来（④）

　一方、当事者間に返還時期の合意がない場合には、イに代えて、

イ'消費貸借契約の終了（催告と催告後相当期間の経過）

　(ｱ)　アの債務の履行を催告したこと（③'）

　(ｲ)　イ'(ｱ)の催告後相当の期間が経過したこと（④'）

が要件となります。

　なお、イ'(ｱ)に関して、民法５９１条１項の文言上は、催告の際に相当の期間を定めたことも、催告の要件として必要であるように読めますが、催告に際して（相当の）期間を定めなかった場合でも、催告から客観的にみて相当の期間が経過すれば

貸金返還請求権は発生すると考えることができますので、「相当の期間を定めたこと」自体は、催告の要件にはならないと解することになります。

　本問において、Ｘは、Ｙとの間で消費貸借契約を締結するに際して、返還時期を令和３年１２月１日とするとの確定期限の合意をしたと主張しているのですから、消費貸借契約の終了の要件に該当する事実は、上記の返還時期の合意と、その期限の到来の事実になります。

⑸　その他の事情

　上記のとおり⑷で示した要件に該当する具体的事実が主張・立証されることによって、ＸのＹに対する消費貸借契約に基づく貸金返還請求権の発生が根拠付けられることになります。

　そうすると、当事者が主張しているその余の事実、例えば、ＸからＹに対する金員の貸付目的がどのようなものであったのかということや、ＸとＹとの身分関係の有無・内容といった事実は、いずれも貸金返還請求権の発生要件に該当する事実ではありませんので、原告が請求原因として主張しなければならない事実にはなりません。もっとも、こうした事実が訴訟において全く意味のないものであるのかといえばそうではありません。これらの事実は、例えば、返還の合意に該当する具体的事実の存否を判断する上で、その存在を推認させ、あるいは推認を妨げる間接事実として極めて重要な意味を持つこともあるのです（第１問４⑷参照）。

　以上によれば、本問における請求原因事実は次のとおりとなります。消費貸借契約の成立要件は、⑴で示したとおり、金銭の返還の合意をしたこと及び金銭を交付したことですが、本件

では、後記のとおり、上記の２つの要件に該当する事実について認否が異なることになります。したがって、これらを分けて摘示することも考えられますが、以下では、これら２つの要件に該当する事実を、「貸し付けた」という表現を用いて表しています。

1　原告は、被告に対し、令和３年８月８日、２０００万円を貸し付けた。
2　原告と被告は、１に際し、返還時期を令和３年１２月１日と定めた。
3　令和３年１２月１日は到来した。

5　請求原因に対する認否

(1)　「消費貸借契約の成立」についての認否

　　４で検討したとおり、Ｘは、請求原因として、金銭の返還の合意をしたこと及び金銭を交付したことに該当する具体的事実を主張しています。

　　これに対するＹの主張は「Ｘから２０００万円の現金を受け取っていますが、これは選挙に出馬するための資金に充てるようにとＸが私に贈与してくれたものです。」というものです。この主張はＸの主張する金銭の交付に該当する事実を認めた上で、金銭の返還合意に該当する事実の存在とは両立しない事実を主張するものと理解できます。そうすると、金銭の返還合意に該当する事実に対する認否は否認（積極否認）、金銭の交付に該当する事実に対する認否は認める（自白）となります。

(2)　Yによる贈与の主張の意味

　　上記のとおり、「贈与」として金銭の交付を受けたとのYの主張は、Xが主張・立証すべき「金銭の返還合意」に該当する事実に対する積極否認となります。Yは、贈与契約締結に該当する事実を主張・立証する必要はなく、返還合意に該当する事実の存在につき真偽不明の状態に持ち込めば足りるのですから、Yの主張は、この事実の存在についての心証を動揺させる間接事実の主張にすぎないのです。

(3)　返還時期の合意についての認否

　　本問において、Yは、返還合意をした事実を否認しているので、この事実の存在を前提とする返還時期の合意をした事実をも否認しているものと理解することができます。

　　なお、本問のような争い方ではなく、Yが、金銭の返還合意をした事実は認めつつも、返済期日がXの主張する日とは別の日であって、未だその期日が到来していないとして争う場合も考えられます。このような場合は、Xが主張する事実のうち、返還時期の合意をした事実を積極否認するものと扱われます。売買型の契約における履行期限に関するYの主張が抗弁を構成するのとは異なることに注意が必要です（第1問5(2)参照）。

(4)　「返還時期の到来」についての認否

　　認否は、当事者が主張する具体的な事実のうち、証拠によって証明すべき事実が何であるのかを明確にし、これによって争点を明らかにするために必要なものです。このため、もともと証拠による証明が不要とされている顕著な事実（民訴法179条）については認否を求める必要はありません。本問では、返還時期として確定期限が主張されているので、その到来は顕著

な事実に当たり、認否は不要です。そうすると、請求原因に対する認否は次のようになります。

> 　請求原因１のうち、金員が交付された事実は認めるが、その余の事実は否認する。
> 　同２は否認する。

6　事実記載例

> 　１　請求原因
> ⑴　原告は、被告に対し、令和３年８月８日、２０００万円を貸し付けた。
> ⑵　原告と被告は、⑴に際し、返還時期を令和３年１２月１日と定めた。
> ⑶　令和３年１２月１日は到来した。
> ⑷　よって、原告は、被告に対し、上記消費貸借契約に基づき、貸金２０００万円の支払を求める。
> 　２　請求原因に対する認否
> 　請求原因⑴のうち、金員が交付された事実は認めるが、その余の事実は否認する。
> 　同⑵は否認する。

7 ブロック・ダイアグラム

請求原因

あ	X・Y R3.8.8 2000万円の返還合意	×
い	X→Y R3.8.8 2000万円交付	○
う	X・Y ㋐の際、返還時期 R3.12.1とする合意	×
え	R3.12.1到来	顕

　貸借型の契約である消費貸借契約については、本文に記載した見解と異なり、冒頭規定で定める成立要件のほかに、返還時期（弁済期）の合意が契約の成立要件であるとする見解があります。

　この考え方のもとでは、消費貸借契約の「成立」を主張するために、①金銭の返還合意、②金銭の交付のほか、③返還時期の合意が必要であると考えることになります。そして、この考え方によれば、返還時期の合意を欠く消費貸借契約の成立はあり得ないことになりますので、消費貸借契約の当事者間で返還時期の合意がされたのか否かが明確でない場合には、契約当事者の合理的意思として返還時期を催告の時とするとの合意があったものと事実上推定することになるとされています。この立場では、返還時期の合意に関しては、「返還時期を定めないこととして」又は「返還時期を催告の時とする約定で」金銭を貸し付けたと主張することになります。

第5問　貸金返還請求（弁済の抗弁）

Xの言い分

　私は、Yに対し、令和4年6月15日に、返済期日同年9月1日の約定で、100万円を貸し付けましたので、Yに対し、貸金元本100万円の返還を求めます。

Yの言い分

　私がXから100万円を借りたのは間違いありませんが、令和4年9月1日に全額を返済しています。

【解説】

1　事案

　本問では、XがYに対して100万円を貸し付けたとしてその返還を求めています。これに対し、Yは、Xから100万円を借りたことは間違いないが、既に弁済しているとして争っています。

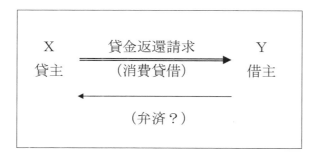

2　請求の趣旨

> 被告は、原告に対し、１００万円を支払え。

3　訴訟物

> 消費貸借契約に基づく貸金返還請求権　１個

4　請求原因

> 1　原告は、被告に対し、令和４年６月１５日、１
> ００万円を貸し付けた。
> 2　原告と被告は、1に際し、返還時期を令和４年
> ９月１日と定めた。
> 3　令和４年９月１日は到来した。

5　請求原因に対する認否

> 請求原因１、２は認める。

6　弁済の抗弁の要件事実

　本問において、Yは、Xの主張する消費貸借契約に基づく貸金返還請求権は弁済によって消滅しているとして、弁済の抗弁を主張しています。

　弁済とは、債務の内容である給付を実現させる債務者その他の者の行為をいい、これによって債権はその目的を達して消滅するという効果を生じます（民法４７３条）。したがって、Yの弁済の主張は、本件消費貸借契約に基づく貸金返還請求権の消滅原因として、抗弁となります。

　この場合の弁済の要件については、異なる見解もありますが、
①　債務者（又は第三者）が債権者に対し給付をしたこと
②　①の給付がその債務の履行としてされたこと
がこれに当たり、Yはこれに該当する具体的事実を主張・立証する必要があるとする考え方（最判昭 30.7.15 民集 9.9.1058［67］参照）によれば、本問においてYは、弁済の抗弁の要件事実として、
①　Yが、Xに対し、令和４年９月１日、１００万円を支払ったこと
②　①の支払が本件消費貸借契約に基づくXの貸金返還債務の履行としてされたこと
を主張・立証すべきことになります。

　なお、これらの事実を一括して、例えば、「Yは、Xに対し、本件消費貸借契約に基づく貸金返還債務の履行として１００万円を支払った。」などと表現することもあります。

> 　　被告は、原告に対し、令和４年９月１日、上記消
> 費貸借契約に基づく貸金返還債務の履行として１００
> ０万円を支払った。

7　抗弁に対する認否

　　Ｘは、Ｙの弁済の主張についての認否を明らかにはしていません。しかし、その言い分で、本件消費貸借契約に基づき１００万円の貸金返還債務の履行を求めていますから、Ｙの弁済の主張を否認しているものと考えられます。

> 　　抗弁は否認する。

8 事実記載例

1 請求原因
(1) 原告は、被告に対し、令和4年6月15日、1
00万円を貸し付けた。
(2) 原告と被告は、(1)に際し、返還時期を令和4年
9月1日と定めた。
(3) 令和4年9月1日は到来した。
(4) よって、原告は、被告に対し、上記消費貸借契
約に基づき、貸金100万円の支払を求める。
2 請求原因に対する認否
請求原因(1)、(2)は認める。
3 抗弁
弁済
被告は、原告に対し、令和4年9月1日、上記消
費貸借契約に基づく貸金返還債務の履行として10
0万円を支払った。
4 抗弁に対する認否
抗弁は否認する。

9 ブロック・ダイアグラム

請求原因

あ	X・Y　R4.6.15 100万円の返還合意	○
い	X→Y　R4.6.15 100万円交付	○
う	X・Y　(あ)の際、返還時期をR4.9.1とする合意	○
え	R4.9.1到来	顕

抗弁（弁済）

| カ | Y→X　R4.9.1
100万円支払 | × |
| キ | (カ)は(あ)の貸金返還債務の履行としてされた | × |

第3章　所有権に基づく不動産明渡請求訴訟

第6問　土地明渡請求（所有権喪失の抗弁）

Xの言い分

　私は、令和4年4月5日、甲土地を所有者であるAから代金1800万円で買い受けて現在所有しています。ところが、Yが勝手に甲土地全体を駐車場として常時使用して占有しています。Yには何らの占有権原もありませんし、もちろん私がこの土地を手放したりしたことはありません。このような勝手なことをされては困りますので、Yに対して甲土地の明渡しを求めます。

Yの言い分

　私は、令和4年9月9日、甲土地を所有者であるXから代金2000万円で買い受けて占有しています。ですから、現在は私が甲土地を所有しているわけで、今更Xが所有しているなどとは言えないはずです。

【解説】

1　事案

　本問では、Xが甲土地を占有しているYに対して、所有権に基づいて甲土地の明渡しを求めています。これに対し、Yは、Xから甲土地を買って現在は自分が所有していると争っています。

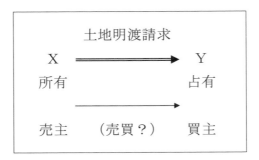

2 請求の趣旨

本問では、Yは、甲土地全体を占有しているのですから、請求の趣旨は、次のようになります。

被告は、原告に対し、甲土地を明け渡せ。

3 訴訟物

(1) 物権的請求権

本問では、Xは、甲土地を「現在所有しています。」「Yに対して甲土地の明渡しを求めます。」と主張していますから、Xは、所有権に基づく物権的請求権を訴訟物として選択しているということができます。

民法には、所有権に基づく物権的請求権そのものについての規定はありません。しかし、物に直接の支配を及ぼすことを権利内容とする所有権の性質上、その権利内容を実現するために物権的請求権が認められるのは当然と考えられること、占有権については占有訴権が認められており、この点からもこれより

強力な所有権について物権的請求権を認めるのが相当であること、民法２０２条が占有の訴えのほかに本権の訴えを認めていることに照らし、所有権について物権的請求権が発生するものと解されています。

(2) 物権的請求権の種類

　　所有権に基づく物権的請求権について、通説は、占有訴権における占有回収の訴え（民法２００条）、占有保持の訴え（同法１９８条）及び占有保全の訴え（同法１９９条）に対応して、①他人の占有によって物権が侵害されている場合の返還請求権、②他人の占有以外の方法によって物権が侵害されている場合の妨害排除請求権、③物権侵害のおそれがある場合の妨害予防請求権の３類型に分類しています。

(3) 本問の訴訟物

　　第１問で説明したとおり、訴訟物の特定の仕方は、権利の性質によって異なります（第１問３(2)参照）。本問で問題となる物権的請求権は、所有権から派生し、所有物に対する支配を他人が妨げ又は妨げるおそれがある場合に、妨害等の態様に応じて、その者に対し妨害等の除去を求める権利ですから、権利の主体及び相手方と権利の内容（妨害等の態様に応じた物権的請求権の種類及びその具体的内容）によって特定されることになります。

　　本問では、Ｘは、「Ｙが勝手に甲土地全体を駐車場として常時使用して占有しています。」と主張しており、Ｙの占有によってＸの所有権が侵害されているのですから、Ｘが選択した物権的請求権の相手方はＹであり、その種類は返還請求権ということになります。そして、ＸのＹに対する請求権の具体的内容

は、甲土地の明渡しですから、結局、本問の訴訟物は、「Xの
Yに対する甲土地の所有権に基づく返還請求権としての土地明
渡請求権」ということになります。しかし、第1問3⑵で説明
したとおり、これらの特定要素をどこまで具体的に記載するか
は、他の訴訟物との誤認混同を生じさせる可能性があるかとい
う相対的な問題です。本問では、「所有権に基づく返還請求権
としての土地明渡請求権」という程度に記載することとします。
　なお、所有権に基づく物権的請求権は、人に対する請求権で
あって、物に対する支配権である所有権そのもの（例えば、X
がYに対して甲土地について所有権確認訴訟を提起する場合の
訴訟物は甲土地の所有権です。）とは、訴訟物が異なる点に注
意してください。
⑷　個数
　所有権に基づく物権的請求権が訴訟物である場合の訴訟物の
個数は、侵害されている所有権の個数と所有権侵害の個数によ
って定まります。本問の場合、侵害されているのは甲土地1筆
についてのXの所有権であり、侵害態様は甲土地全体をYが常
時駐車場として占有し使用することによるもので、1個の侵害
ということができます。したがって、訴訟物の個数は1個とな
ります。

所有権に基づく返還請求権としての土地明渡請求権　　1個

---

4 請求原因－所有権に基づく土地明渡請求の要件事実

> **考え方のポイント**
>
> 物権的請求権を行使する者は、どのような事実を主張・立証しなければならないかを考えよう。また、所有権に関する権利自白がどの時点で成立するかを、事案における相手方の認否や主張の内容に応じてよく考えてみよう。

(1) 請求原因

本問の事案を図示すると、次のとおりです。この場合、Xは、どのような事実を主張しなければならないかについて考えていきます。

```
        R4.4.5 売買          R4.9.9売買
  A  ────────────→  X  ────────────→  Y
        1800万円            2000万円
```

ア 所有権に基づく返還請求権を発生させるための実体法上の要件については様々な考え方がありますが、所有権の内容を完全に実現することが相手方の占有によって妨げられている場合には、所有者は、占有者に対して、所有権の内容の完全な実現を可能にするために、所有権に基づいてその物の返還

を請求することができ、ただし、相手方が正当な占有権原を
有する場合にはその請求ができないと解釈する立場がありま
す。この立場によれば、所有権に基づく返還請求権の発生要
件は、

ⅰ　その物を所有していること

ⅱ　相手方がその物を占有していること

であり、

ⅲ　相手方がその物に対する正当な占有権原を有しているこ
　と

は発生障害要件であると解されます（最判昭 35.3.1 民集
14.3.327[20]）。

イ　民法１８８条との関係

　　ところで、民法１８８条は、「占有者が占有物について行
使する権利は、適法に有するものと推定する。」と規定して
います。この規定については、法律上の権利推定の規定と解
するのが一般ですから、同条が適用されるとすれば、原告が
「被告に占有権原がないこと」を主張・立証しなければなら
ないようにも思われます。

　　しかし、所有権に基づく返還請求権が行使されたのに対し
て、占有者が所有者である原告から使用借権を取得したかど
うかが問題となった場合には、同条は適用されないと解され
ており（最判昭 35.3.1 民集 14.3.327[20]）、他の占有権原
についても同様と考えられます。

ウ　上記のような考え方によれば、本問における請求原因は、

①　Ｘが甲土地を所有していること

②　Ｙが甲土地を占有していること

だけで足りることになります。Ｙが占有権原を有しないこと
は請求原因とはならず、逆にＹが占有権原を有することが抗
弁となります。
⑵　Ｘ所有
　ア　所有要件の構造
　　　請求原因①の「Ｘが甲土地を所有していること」というの
　は、現在（口頭弁論終結時）において、Ｘがその土地を所有
　していることです。しかし、「現在のＸ所有」を立証するこ
　とは困難ですから、過去のある時点におけるＸの所有権取得
　原因を主張・立証することになります。いったん取得した所
　有権は、喪失事由が発生しない限り、現在もその者に帰属し
　ていると扱われるからです。これらの関係を図示すると次の
　ようになります。

```
┌─────────────────────────┐
│      所有権の取得原因       │
└─────────────────────────┘
            ↓
┌─────────────────────────────────┐
│      その時点での所有権の取得        │
└─────────────────────────────────┘
            ↓
┌─────────────────────────────┐
│    現在における所有権の帰属       │
└─────────────────────────────┘
```

イ　所有要件と権利自白

　　ところで、所有権については、権利自白が認められるもの
　と考えられていますから、現在若しくは過去の一定時点にお
　けるＸの所有又は過去の一定時点におけるＸの前所有者等の
　所有について権利自白が成立する場合には、Ｘは、これらの
　時点におけるＸ又はその前所有者等による所有が認められる
　ことを前提として、請求原因①の主張・立証をすることがで
　きることになります。この場合の、Ｘやその前所有者等の過
　去の一定時点における所有を「もと所有」と表現しています。

ウ　権利自白の成立時点

　　権利自白がいつの時点で成立するかは、Ｘの主張する所有
　権の取得経緯と、Ｙの認否や主張の内容との関係から検討す
　ることになります。

　　そこで、この権利自白の成立時点について、まず、一般的
　に考えられる典型的なＹの主張に従って説明することにしま
　す。

㋐　まず、Ｙが、過去の一定時点におけるＸの所有を認めた
　　上で、売買など、Ｘ以外の者（Ｙである必要はありません。）
　　の所有権取得原因事実を主張して、Ｘが現在所有者である
　　ことを争う場合が考えられます。このようなＹの主張を「所
　　有権喪失の抗弁」と呼んでいます（後記６参照）。

　　　この場合には、Ｙは、Ｘ以外の者の所有権取得原因事実
　　が発生した当時のＸの所有を認めていますので、その当時
　　のＸの所有について権利自白が成立します（図１）。

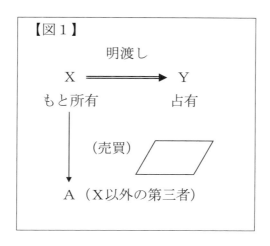

【図1】

明渡し

X ━━━━━━▶ Y

もと所有　　　　占有

（売買）

A（X以外の第三者）

(イ)　次に、Xが所有権を前主Aから承継取得したと主張した
　　場合に、Yが、Aがその不動産をもと所有していたことを
　　認めた上で、YもAから承継取得したとして、YのAから
　　の所有権取得原因事実を主張し、Xが現在所有者であるこ
　　とを争う場合が考えられます。このようなYの主張を、そ
　　の内容により、「対抗要件の抗弁」（第7問参照）、ある
　　いは「対抗要件具備による所有権喪失の抗弁」（第8問参
　　照）と呼ぶことがあります。
　　　この場合には、XのAからの所有権取得原因事実の発生
　　当時か、あるいは、YのAからの所有権取得原因事実の発
　　生当時のいずれか早い時点に、Aが当該不動産を所有して
　　いたことについてXとYとの間に争いがないことになりま
　　す。したがって、その当時のAの所有について権利自白が
　　成立します（図2）。

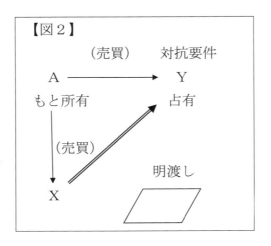

【図2】

（売買）　　対抗要件

A ─────────→ Y

もと所有　　　　　　占有

（売買）

X　　　　　　明渡し

エ　本問での権利自白の成立時期

　　本問では、Yは、「令和4年9月9日、甲土地を所有者で
あるXから・・・買い受け・・・現在は私が甲土地を所有し
ている」と主張しています。そうすると、本問では、Xが、
令和4年4月5日以降甲土地を所有していると主張したのに
対し、Yは、Xが過去の一定時点、すなわちYとの間で売買
契約を締結した令和4年9月9日の時点において甲土地を所
有していたことを認めた上で、Yと売買契約を締結したこと
によって、その時点でXは所有権を喪失した旨の主張をして
いるものと考えられます。したがって、本問においては、令
和4年9月9日当時のXの甲土地所有について権利自白が成
立することになります。

(3)　Y占有

　ア　Xは、Yによる妨害状態として、Yが現在（口頭弁論終結
時）において当該不動産を占有していることを主張・立証し
なければなりません。これが請求原因の「Yが甲土地を占有

していること」（(1)ウ②）です。

イ　占有の概念

　　物権的返還請求権の発生要件としての占有は事実概念と考えられますが、占有の要素である所持（民法１８０条）自体が、社会観念に従って決定されるものですし、また、民法が代理占有も認めています（同法１８１条）ので、占有の概念は相当観念化しています。このように占有の概念が相当観念化していることからすると、単に「占有している。」と主張するだけでは、攻撃防御の目標としては不十分で、要件事実としての機能を果たすことができません。したがって、攻撃防御の対象が何であるかが分かる程度に、所持の具体的事実（同法１８０条の場合）や代理占有の成立要件に該当する具体的事実（同法１８１条の場合）などを要件事実として主張することが必要となります。しかし、相手方の占有について当事者間に争いがない場合には、攻撃防御の目標としての明確性を考慮する必要がありませんから、この要件に該当する概括的抽象的事実としての「占有」について自白が成立したものとして、「占有している。」という程度の摘示をすれば足りると考えられます。

ウ　占有の時的要素

　　妨害状態である相手方の占有がいつの時点で必要かについては、次のような考え方があります。

㋐　現占有説

　　物権的請求権の発生要件として、口頭弁論終結時における占有が必要であるという見解です。すなわち、物権的請求権は、物権の円満な実現が妨げられ又はそのおそれがあ

るという現在の状況を排除するために認められるのであっ
て、相手方による現在の妨害状況、すなわち現在の占有が
あって初めて発生すると考えられるとするものです。

　(イ)　もと占有説

　　　占有による妨害状態は、所有権取得後の一定時点で存在
すれば足りるとし、その後のYの占有の喪失が抗弁となる
という見解です。すなわち、所有権取得以降の一定の時点
における相手方の占有があれば、その時点で物権的請求権
が認められ、その消滅事由等が認められない限り、現在も
その物権的請求権が存在していると考えるものです。

　　　(ア)説が通説で、本書もこれに従って説明をします。

　エ　本問での「占有」の摘示

　　　本問においては、Xは、「Yが・・・駐車場として常時使
用して占有しています。」と主張しています。他方、Yは、
「私は、・・・甲土地を・・・占有しています。」と主張し
て、自らが甲土地を占有していること自体については争っ
ていません。イで述べた占有概念の特殊性からすると、本件に
おいては、Yの現在の占有について自白が成立しているもの
として、Yの所持の内容を具体的に摘示するまでの必要はな
いと考えられます。

(4)　本問の請求原因

　　以上のとおり、本問の場合、所有権に基づく土地明渡請求の
請求原因は、

```
    1   原告は、令和4年9月9日当時、甲土地を所
      有していた。
    2   被告は、甲土地を占有している。
```

となります。

5　請求原因に対する認否

　　4⑵エ及び⑶エでの説明のとおり、Yの言い分に照らすと、Y
は、請求原因の1及び2は、いずれも認めるということになり、
請求原因に対する認否としては、

```
    請求原因1、2は認める。
```

ということになります。

6　所有権喪失の抗弁の要件事実

⑴　所有権喪失の抗弁

　　Yは、「甲土地を所有者であるXから・・・買い受け・・・
現在は私が甲土地を所有しているわけで、今更Xが所有してい
るなどとは言えないはずです。」と主張しています。これは、
過去の一定時点においてXが甲土地を所有していたことを前提
として、その後のX以外の者の所有権取得原因事実を主張する
ものです。X以外の者（Yである必要はありません。）が所有
権を取得することにより、Xが不動産の所有権を喪失するとい

う実体法的効果が発生しますから、この主張が抗弁として機能
することになります。このような抗弁を「所有権喪失の抗弁」
と呼ぶことは、4(2)ウ(ア)のとおりです。
(2) 所有権喪失の抗弁としての売買
　　売主の所有する特定物の売買については、売買契約の締結に
よって原則として買主への所有権移転の効力が生じます（最判
昭33.6.20民集12.10.1585[74]）から、Yは、所有権喪失の抗
弁として、XとYが甲土地の売買契約を締結したことのみを主
張すれば足り、代金の支払等の事実を主張する必要はありませ
ん。売買契約の成立要件については、第1問5を参照してくだ
さい。
(3) 本問の抗弁
　　結局、Yは、所有権喪失の抗弁の要件事実として、

　　原告は、被告に対し、令和4年9月9日、甲土
地を代金2000万円で売った。

と主張することになります。

7　抗弁に対する認否

　　Xの「この土地を手放したりしたことはありません。」という
主張からすると、抗弁に対する認否は、

　抗弁は否認する。

となります。

8　事実記載例

1　請求原因
 (1)　原告は、令和4年9月9日当時、甲土地を所有していた。
 (2)　被告は、甲土地を占有している。
 (3)　よって、原告は、被告に対し、所有権に基づき、甲土地の明渡しを求める。
2　請求原因に対する認否
 請求原因(1)、(2)は認める。
3　抗弁
 所有権喪失－売買
 原告は、被告に対し、令和4年9月9日、甲土地を代金2000万円で売った。
4　抗弁に対する認否
 抗弁は否認する。

9 ブロック・ダイアグラム

請求原因

あ	X　R4.9.9当時 甲土地所有	○
い	Y　甲土地占有	○

抗弁（所有権喪失－売買）

カ	X・Y　R4.9.9 甲土地売買 　代金2000万円	×

第7問　土地明渡請求（対抗要件の抗弁）

> **Xの言い分**
>
> 　私は、令和4年4月5日、甲土地を所有者であるAから代金1800万円で買い受けて現在所有しています。ところが、Yが勝手に甲土地全体を駐車場として常時使用して占有しています。AがYに対して甲土地を売ったはずがなく、また、Yが占有権原を有していることもあり得ません。このような勝手なことをされては困りますので、Yに対して甲土地の明渡しを求めます。
>
> **Yの言い分**
>
> 　私は、令和4年2月2日、甲土地を所有者であるAから代金2000万円で買い受けて占有するようになりました。XがAからその主張どおり買い受けたことは認めますが、私は、Xと対抗関係に立つ第三者の地位にあります。Xは自分が所有者であると言っていますが、Xが所有権移転登記をするまで所有者と認めるわけにはいきません。

【解説】

1　事案

　本問では、Xが甲土地を占有しているYに対して、Aから甲土地を買ったとして所有権に基づいて甲土地の明渡しを求めています。これに対し、Yは、XがAから甲土地を買ったことは認めな

がら、ＹもＡから甲土地を買ったから、Ｘが対抗要件を備えない限り、Ｘを所有者とは認めないと主張して争っています。

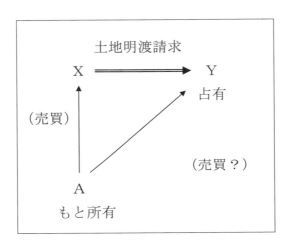

土地明渡請求
Ｘ ⟹ Ｙ
占有

（売買）

（売買？）

Ａ
もと所有

2 請求の趣旨

被告は、原告に対し、甲土地を明け渡せ。

3 訴訟物

所有権に基づく返還請求権としての土地明渡請求権　1個

4 請求原因－所有権に基づく土地明渡請求の要件事実
(1) 請求原因
　　本問の請求原因は、

① Xが甲土地を所有していること

② Yが甲土地を占有していること

であり、Yが占有権原を有することは、Yが主張・立証責任を
負う抗弁であると考えることができます（第6問4⑴参照）。

(2) X所有

ア　権利自白

第6問で解説したとおり、所有権については、権利自白が
認められ、現在若しくは過去の一定時点におけるXの所有又
は過去の一定時点におけるXの前所有者等の所有について権
利自白が成立する場合には、Xは、X又はその前所有者等の
所有権取得原因を主張・立証する必要はありません。

イ　権利自白の成立時点

本問では、Yは、Aが甲土地をもと所有していたことを認
めた上で、Aから承継取得したとして、Aからの所有権取得
原因事実を主張し、Xが現在所有者であることを争っていま
す。後に述べるように、Yは、対抗要件の抗弁を主張してい
ると考えられます。

この場合には、第6問4⑵ウ(イ)でみたとおり、XのAから
の所有権取得原因事実の発生当時と、YのAからの所有権取
得原因事実の発生当時のいずれか早い時点に、Aが甲土地を
もと所有していたことに争いがないことになり、権利自白が
成立します。したがって、本問では、そのうちの早い時点、
すなわち、YがAから所有権を取得したと主張する時点であ
る令和4年2月2日当時のAの所有について権利自白が成立
することになります。

(3) X名義の登記の要否

ところで、Yは、「Xが所有権移転登記をするまで所有者と認めるわけにはいきません。」と主張していますが、この場合、Xは、請求原因において登記を具備したことを主張・立証する必要はありません。

　　なぜなら、物権変動に関しては意思主義が採用され（民法176条）、登記は物権変動の対抗要件とされていること（同法177条）から、Aのもと所有とAX売買の事実のみによってXに所有権移転の効果が生じていると考えられるからです。なお、対抗要件は登記を経ていないことを主張する正当な利益を有する第三者に対してのみその具備が要求されると解する（制限説）のが判例・通説であって（大判明 41.12.15 民録 14.1276）、Yが占有しているという事実（(1)②）だけで、Yがこのような第三者に当たることにはなりません。

⑷　本問の請求原因

　　以上のとおり、本問の場合、所有権に基づく返還請求権としての土地明渡請求の要件事実は、

　1　Aは、令和4年2月2日当時、甲土地を所有していた。
　2　Aは、原告に対し、令和4年4月5日、甲土地を代金1800万円で売った。
　3　被告は、甲土地を占有している。

となります。

5 請求原因に対する認否

Yの言い分に照らすと、請求原因に対する認否は、

> 請求原因1から3までは認める。

ということになります。

6 対抗要件の抗弁の要件事実

(1) 対抗要件の抗弁

Yは、「私は、Xと対抗関係に立つ第三者の地位にあります。・・・Xが所有権移転登記をするまで所有者と認めるわけにはいきません。」と主張しています。民法177条は、不動産の物権変動は登記をしなければ第三者に対抗できない旨を定めており、このようなYの主張は、この規定による対抗要件の抗弁を主張するものと考えられます。

(2) 対抗要件の抗弁の要件

この対抗要件の抗弁の要件としては、4(3)で説明したとおり、登記を経ていないことを主張するについて正当な利益を有する第三者であることが必要となりますが、不動産が二重に譲渡された場合の譲受人のように、物権変動の効果が主張される不動産について他に物権を取得した者は、この第三者に当たるとされています。本問では、Aのもと所有が請求原因で現れていますので、所有権移転（物権変動）の原因となったAY間の売買の事実が第三者の要件に当たる具体的事実ということになります。

対抗要件の抗弁の要件として、上記のような第三者に当たることに加えてどのような要件が必要になるかについては、

ア　第三者であることに加え、所有権を主張する者が対抗要件を具備していないことが必要であるとする考え方（事実抗弁説）

イ　第三者であることのみで足りるとする考え方（第三者抗弁説）

ウ　第三者であることに加え、所有権を主張する者が対抗要件を具備するまでは所有権取得を認めないとの権利主張をする必要があるとする考え方（権利抗弁説）

があるとされています。

　この点は、民法１７７条の構造をどのように理解するかに関わりますが、同条の構造について、未登記の二重譲受人相互間では本来優劣がないことを前提とすると解する立場からは、物権主張者でなくその相手方に登記を具備していないことの主張・立証責任を負担させる結果となるア説は、当事者間の公平に反するとされています。

　これに対し、イ説は、抗弁の要件としては前記のような第三者であることだけで足り、登記具備の事実は再抗弁に位置付けられると解するもので、民法１７７条の構造に整合するものとも考えられます。

　他方、ウ説は、対抗要件の有無を問題とする意思があることを要件として取り出すことによって、当事者の意思を尊重しようとするものと考えられます。

(3)　本問の抗弁

　　上記の考え方のうち、ウ説に立つ場合には、本問における対

抗要件の抗弁の要件事実は、次のようになります。

1　Aは、被告に対し、令和4年2月2日、甲土地を代金2000万円で売った。
2　原告が所有権移転登記を具備するまで、原告の所有権取得を認めない。

7　抗弁に対する認否

　Xは、AがYに対して甲土地を売ったはずはないと主張していますから、抗弁に対する認否としては、

抗弁1は否認する。

ということになります。

　抗弁2は、一種の権利主張ですから、これに対する認否は必要ありません。

　なお、前記のイ説又はウ説に立った場合には、対抗要件の抗弁に対して、Xは、再抗弁として、対抗要件の具備の事実を主張・立証することができますが、本問では、Xは所有権移転登記を備えていないと考えられ、その場合には、このような再抗弁の主張はできません。

8 事実記載例

1 請求原因
  (1) Aは、令和4年2月2日当時、甲土地を所有していた。
  (2) Aは、原告に対し、令和4年4月5日、甲土地を代金1800万円で売った。
  (3) 被告は、甲土地を占有している。
  (4) よって、原告は、被告に対し、所有権に基づき、甲土地の明渡しを求める。
2 請求原因に対する認否
  請求原因(1)から(3)までは認める。
3 抗弁
  対抗要件－売買
  (1) Aは、被告に対し、令和4年2月2日、甲土地を代金2000万円で売った。
  (2) 原告が所有権移転登記を具備するまで、原告の所有権取得を認めない。
4 抗弁に対する認否
  抗弁(1)は否認する。

9 ブロック・ダイアグラム

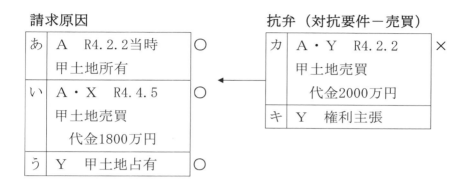

請求原因

あ	A　R4.2.2当時 甲土地所有	○
い	A・X　R4.4.5 甲土地売買 　代金1800万円	○
う	Y　甲土地占有	○

抗弁（対抗要件－売買）

| カ | A・Y　R4.2.2
甲土地売買
　代金2000万円 | × |
| キ | Y　権利主張 | |

第8問　土地明渡請求（対抗要件具備による所有権喪失の抗弁）

> **Xの言い分**
>
> 　私は、令和4年4月5日、甲土地を所有者であるAから代金1800万円で買い受けて現在所有しています。ところが、Yが勝手に甲土地全体を駐車場として常時使用して占有しています。AがYに対して甲土地を売ったはずがなく、また、Yが占有権原を有していることもあり得ません。このような勝手なことをされては困りますので、Yに対して甲土地の明渡しを求めます。
>
> **Yの言い分**
>
> 　私は、令和4年2月2日、甲土地を所有者であるAから代金2000万円で買い受けて占有し、しかも同年4月8日に売買契約に基づいてAから登記もしてもらいました。XがAからその主張どおり買い受けたことは認めますが、甲土地の所有者は私であって、Xが所有者であるというのは通らない話です。

【解説】

1　事案

　本問では、Xが甲土地を占有しているYに対し、Aから甲土地を買ったとして、所有権に基づいて甲土地の明渡しを求めています。これに対し、Yは、XがAから甲土地を買ったことは認めながら、YもAから甲土地を買い、登記も備えたので、自分こそが

所有者であり、Xには所有権がないと主張して争っています。

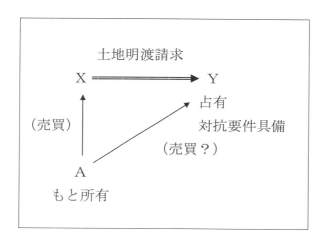

2 請求の趣旨

被告は、原告に対し、甲土地を明け渡せ。

3 訴訟物

所有権に基づく返還請求権としての土地明渡請求権　1個

4　請求原因

> 1　Aは、令和4年2月2日当時、甲土地を所有し
> ていた。
> 2　Aは、原告に対し、令和4年4月5日、甲土地
> を代金1800万円で売った。
> 3　被告は、甲土地を占有している。

5　請求原因に対する認否

> 請求原因1から3までは認める。

6　対抗要件具備による所有権喪失の抗弁の要件事実
(1)　対抗要件具備による所有権喪失の抗弁

　本問のように、もとの所有者からX、Yの二人がそれぞれ譲
渡を受けたという二重譲渡の事案では、所有権移転登記を具備
した譲受人が確定的に所有権を取得することができます。

　ひとつの見方ですが、本問について、請求原因だけを見ると、
Xは、甲土地を所有者Aから買い受けてその所有権を取得した
ことが根拠付けられています。しかし、Yが、抗弁として、Y
も同様に甲土地を所有者Aから買い受け、この売買契約に基づ
き甲土地につき所有権移転登記も備えたことを主張した場合に
は、これが認められれば、Yが所有者Aから確定的に甲土地の
所有権を取得したことになり、Xが所有者であったことはなか

ったことになります。この間の関係について、Ｙが確定的に所
有権を取得することにより、Ｘが所有者であるように見えてい
た地位を失ったと見ることもできるので、このような抗弁を「対
抗要件具備による所有権喪失の抗弁」と呼ぶことがあります。
(2)　対抗要件具備による所有権喪失の抗弁の要件事実

　　対抗要件具備による所有権喪失の抗弁の要件としては、所有
権取得原因事実（民法１７７条の第三者であること）と対抗要
件を具備したことが必要です。

　　本問では、ＹのＡからの所有権取得原因事実の発生時点にお
けるＡの所有について権利自白が成立しています（第６問４(2)
ウ(イ)参照）から、Ｙは、対抗要件具備による所有権喪失の抗弁
の要件事実として、ＡとＹとが甲土地の売買契約を締結したこ
と及びＹが甲土地について上記売買契約に基づき所有権移転登
記を備えたことを主張・立証することが必要です。
(3)　本問の抗弁

　　以上のとおり、対抗要件具備による所有権喪失の抗弁の要件
事実は、

　1　Ａは、被告に対し、令和４年２月２日、甲土地
　　を代金２０００万円で売った。
　2　被告は、令和４年４月８日、上記売買契約に基
　　づき、甲土地につき所有権移転登記を具備した。

ということになります。

7　抗弁に対する認否

　　Xの「AがYに対して甲土地を売ったはずがなく」という主張
からすると、抗弁のうち、「AY間の売買契約の締結」について
は、これを否認していることになります。また、Xが、AY間の
売買契約の締結を否認している以上、「AY間の売買契約に基づ
き、Yは所有権移転登記を具備した」という事実も否認している
ものと思われます。

　　そうすると、抗弁に対する認否は、

```
抗弁1、2は否認する。
```

ということになります。

8 事実記載例

1 請求原因

(1) Aは、令和4年2月2日当時、甲土地を所有していた。

(2) Aは、原告に対し、令和4年4月5日、甲土地を代金1800万円で売った。

(3) 被告は甲土地を占有している。

(4) よって、原告は、被告に対し、所有権に基づき、甲土地の明渡しを求める。

2 請求原因に対する認否

請求原因(1)から(3)までは認める。

3 抗弁

対抗要件具備による所有権喪失－売買

(1) Aは、被告に対し、令和4年2月2日、甲土地を代金2000万円で売った。

(2) 被告は、令和4年4月8日、上記売買契約に基づき、甲土地につき所有権移転登記を具備した。

4 抗弁に対する認否

抗弁(1)、(2)は否認する。

9 ブロック・ダイアグラム

請求原因

あ	A　R4.2.2当時 甲土地所有	○
い	A・X　R4.4.5 甲土地売買 　代金1800万円	○
う	Y　甲土地占有	○

抗弁（対抗要件具備による所有権喪失－売買）

カ	A・Y　R4.2.2 甲土地売買 　代金2000万円	×
キ	Y　R4.4.8 甲土地につき、㈎に基づ く所有権移転登記	×

第4章　不動産登記手続請求訴訟

第9問　所有権移転登記抹消登記手続請求（所有権喪失の抗弁）

Xの言い分

　　Yは、私所有の甲建物について何の権原もなく別紙登記目録（省略）記載の所有権移転登記をしています。そこで、私は、Yに対して、所有権に基づき、この登記の抹消を求めます。

　　Yは、私がAに甲建物を売ったと主張しているようですが、そのような事実はありません。

Yの言い分

　　私は、令和4年9月1日、Aから甲建物を代金1000万円で買い、同日、所有権移転登記をしました。Aは、令和3年7月1日、当時所有者であったXから、800万円で甲建物を買い、同日所有権移転登記を済ませました。

【解説】

1　事案

　　本問では、Xが、甲建物の所有名義人であるYに対して、所有権に基づき、Y名義の登記の抹消を求めています。これに対し、Yは、AがXから甲建物を買い、次いでYがAから甲建物を買ったものであるなどと主張して争っています。

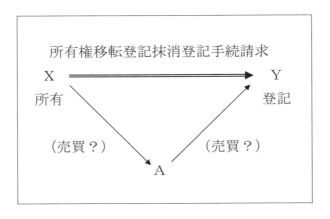

2 請求の趣旨

　本問のように、所有権移転登記の抹消を求めるに当たっては、請求の趣旨において、抹消を求める登記を特定しなければなりません。この特定は、物件と登記の名称、登記所の名称、受付年月日、受付番号によって行います。

　Ｘが求めているのは所有権移転登記の抹消ですが、請求の趣旨では、「所有権移転登記の抹消登記をせよ。」ではなく、「所有権移転登記の抹消登記手続をせよ。」と記載します。登記をするのは登記官であってＹではなく、Ｙは、登記申請手続をする義務、すなわち、登記申請という意思表示をする義務があるにすぎないからです。なお、不動産登記法等では「登記の抹消」という用語を使用しています（不動産登記法６８条等）が、本書では、これまでの実務の慣行に従って「抹消登記」あるいは「抹消登記手続」という用語を使用することにします。

　移転登記手続を求める場合には、移転登記をすべき相手方を明らかにする趣旨で、その相手方を請求の趣旨に記載する必要があ

ります（第１０問２参照）。しかし、抹消登記手続を求める場合には、そのような意味での相手方は存在せず、相手方を明示する必要はないことから、請求の趣旨において「原告に対し」との記載はしないのが実務の通例です。

　不動産の権利に関する登記をするには登記原因を記録することが要求されており（不動産登記法５９条３号）、登記を申請するに当たっては登記原因を明らかにする必要があります（同法６１条）。したがって、登記に関する請求の趣旨や判決主文では、登記原因を明らかにするのが原則ですが、実務上、抹消登記手続を求める請求の趣旨やこれを命ずる判決主文では登記原因を示さないのが通例です。

　本問の請求の趣旨は次のとおりです。

> 　　被告は、甲建物について別紙登記目録記載の所有権移転登記の抹消登記手続をせよ。

3　訴訟物

(1)　登記請求権

　　登記請求権については、①物権的登記請求権（現在の実体的な物権関係と登記が一致しない場合に、この不一致を除去するため、物権そのものの効力として発生する登記請求権）、②債権的登記請求権（当事者間の契約ないし特約の債権的効果として発生する登記請求権）、③物権変動的登記請求権（物権変動の過程、態様と登記とが一致しない場合に、その不一致を除去するために、物権変動の過程を登記面に忠実に反映させるべき

であるとの要請に基づいて認められる登記請求権）の３類型に
整理するのが一般的です。

　　①の物権的登記請求権は、物権的請求権の一つですが、第６
問で説明したとおり、所有権に基づく物権的請求権は、返還請
求権、妨害排除請求権、妨害予防請求権の３類型に分類できま
す。それでは、物権的登記請求権は、この３類型のうちのどれ
に該当すると考えるべきでしょうか。同請求権は、登記により
現に物権が侵害されている場合に行使する請求権ですから、妨
害予防請求権でないことは明らかです。返還請求権と妨害排除
請求権とは、占有により物権が侵害されている場合か、占有以
外の方法によって物権が侵害されている場合かで区別されます
が、相手方の登記の存在は、占有以外の方法による物権の侵害
と考えることもできます。そのように考えれば、物権的登記請
求権は、妨害排除請求権に当たると解されます。

(2)　本問の訴訟物

　　本問では、Ｘは、甲建物の所有権に基づいてＹ名義の登記の
抹消を求めると主張していることから、現在の実体的な物権関
係と登記との不一致の除去を求めていると理解することができ
ます。したがって、本問でＸが選択している訴訟物は物権的登
記請求権であり、その具体的内容は、所有権に基づく妨害排除
請求権としての所有権移転登記抹消登記請求権ということにな
ります。

(3)　個数

　　所有権に基づく物権的請求権が訴訟物となっている場合の訴
訟物の個数は、侵害された所有権の個数と所有権侵害の個数に
よって定まります。本問では１棟の甲建物の所有権１個がＹ名

義の1個の登記によって侵害されているわけですから、訴訟物の個数は1個となります。

所有権に基づく妨害排除請求権としての所有権移転
登記抹消登記請求権　1個

4　請求原因－所有権に基づく所有権移転登記抹消登記手続請求の要件事実

考え方のポイント

物権的登記請求権を行使する者は、どのような事実を主張・立証しなければならないかを考えよう。

(1)　請求原因

物権的登記請求権は、前記のとおり、現在の実体的な物権関係と登記とが一致しない場合に発生するもので、物権的請求権の一つですから、その発生要件は、同じ物権的請求権である所有権に基づく返還請求権の発生要件と同じように考えることができます（第6問参照）。その考え方によれば、所有権に基づく所有権移転登記抹消登記請求権の発生要件は、

①　その不動産を所有していること

②　その不動産について相手方名義の所有権移転登記が存在すること

- 89 -

となり、相手方名義の登記が正当な権原に基づくことは、その発生障害要件となります。

(2) 登記の推定力

(1)②の要件に関連して、登記の推定力との関係が問題となります。すなわち、所有権移転登記に、所有権の所在を法律上推定する効力を認める見解に立った場合には、②の要件を主張することにより、相手方の現在の所有権が法律上推定されることになってしまいます。法律上の推定には、主張・立証責任の転換の効果が認められていますから、相手方の現在の所有権の不存在が上記所有権移転登記抹消登記請求権の発生要件に位置付けられることにもなりかねません。しかし、学説の多くは、登記は事実上の推定力を有するにすぎないと解しており、判例も同様の見解に立っています（最判昭 34.1.8 民集 13.1.1[1]、最判昭 38.10.15 民集 17.11.1497[93]）。このような見解に立つ限り、登記の推定力が上記の要件の整理に影響を与えることはありません。

(3) X所有

(1)①の要件について、Yの認否や主張の内容との関係などにより、誰の、どの時点における所有権について権利自白が成立するのかを考えるべきことは、第6問4(2)ウで検討したとおりです。

本問では、Yは、Xが令和3年7月1日当時に甲建物を所有していたことを認めた上で、Aが同日にXから同建物を買ったとの主張をしています。したがって、同日時点でのX所有について権利自白が成立することになります。

(4) Y名義の登記の存在

(1)②の要件事実としては、Xの所有権に対する妨害として、甲建物にY名義の所有権移転登記が存在することが主張されています。本問の言い分からはY名義の所有権移転登記の具体的内容は明らかではありませんが、実務では登記目録を利用するなどしてその内容を明らかにしています。

占有による妨害の時的要素については、第6問4(3)ウで説明したとおりですが、登記による妨害についても、占有の場合と同様に、口頭弁論終結時における登記の存在が必要であるという見解と、過去の一定時点における登記の存在を主張すれば足りるとの見解が考えられます。この点についても、前者の見解が一般的な考え方です。

(5) 本問の請求原因

以上によれば、本問の場合、所有権に基づく所有権移転登記抹消登記手続請求の請求原因は、

1　原告は、令和3年7月1日当時、甲建物を所有していた。
2　甲建物について、別紙登記目録記載の被告名義の所有権移転登記がある。

となります。

5　請求原因に対する認否

Yの言い分によれば、Yは、請求原因の1及び2をいずれも認めていると理解することができます。したがって、請求原因に対

する認否は、

> 請求原因1、2は認める。

ということになります。

6　所有権喪失の抗弁の要件事実

⑴　所有権喪失の抗弁

　　Yは、令和3年7月1日当時にXが甲建物を所有していたことを前提として、AがXから、同日、甲建物を買ったとの主張をしています。これは、XA間の売買契約の締結により、甲建物の所有権がXからAに移転し、Xが所有権を喪失したとの主張であり、所有権喪失の抗弁と呼ばれるものです（第6問6参照）。

　　そして、売主Xの所有する甲建物の売買の場合、売買契約の締結によって原則として所有権がXからAに移転しますから、Yが所有権喪失の抗弁で主張すべき事実は、「XとAが甲建物の売買契約を締結したこと」だけということになります。

⑵　AY間の売買

　　本問では、Yは、AY間の売買契約の締結も主張していますが、この主張は意味を持つものでしょうか。

　　上記⑴のとおり、XA間の売買契約の締結だけでXは甲建物の所有権を喪失し、この効果は、更にAY間の売買契約が締結されたかどうかに影響されません。したがって、所有権喪失の抗弁との関係では、XA間の売買契約の締結に加えてAY間の

売買契約の締結の事実を主張する意味はないことになります。

　Ｙは、ＹがＡＹ間の売買契約に基づき所有権移転登記を受けたとの主張もしていますが、この主張を、Ｙの所有権移転登記の保持権原（登記保持権原の詳細については第１１問参照）の主張として構成することは可能でしょうか。

　登記保持権原の抗弁は、原告の所有権が認められた場合に、被告が登記を保持することができる権原を有するとの主張です。したがって、自分が所有者であるとＹが主張している本問では、Ｙの上記主張を登記保持権原の抗弁として構成するのは不適当ということになります。

(3)　本問の抗弁

　以上によれば、Ｙが、所有権喪失の抗弁の要件事実として主張すべき事実は、次のとおりです。

　原告は、Ａに対し、令和３年７月１日、甲建物を代金８００万円で売った。

7　抗弁に対する認否

　Ｘの、Ａに甲建物を売った事実はないとの主張からすると、抗弁に対する認否は、次のようになります。

　抗弁は否認する。

---

8 事実記載例

1 請求原因
  (1) 原告は、令和3年7月1日当時、甲建物を所有していた。
  (2) 甲建物について、別紙登記目録記載の被告名義の所有権移転登記がある。
  (3) よって、原告は、被告に対し、所有権に基づき、上記登記の抹消登記手続をすることを求める。
2 請求原因に対する認否
  請求原因(1)、(2)は認める。
3 抗弁
  所有権喪失－売買
  原告は、Aに対し、令和3年7月1日、甲建物を代金800万円で売った。
4 抗弁に対する認否
  抗弁は否認する。

9 ブロック・ダイアグラム

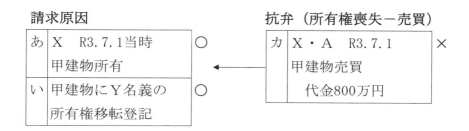

請求原因

| あ | X　R3.7.1当時
甲建物所有 | ○ |
| い | 甲建物にY名義の
所有権移転登記 | ○ |

抗弁（所有権喪失－売買）

| カ | X・A　R3.7.1
甲建物売買
　代金800万円 | × |

第10問　所有権移転登記手続請求（取得時効）

> **Xの言い分**
>
> 　私は、甲土地を資材置場として占有していたAから、平成２４年６月１日、同土地を代金１０００万円で買いました。Aは所有者ではなかったようですが、私は、それ以来、Aと同様、甲土地を資材置場として１０年間善意、平穏、公然、無過失で占有してきましたから、甲土地を時効取得しております。そして、私は、令和４年９月５日、Yに対し、甲土地を時効取得した旨を伝えています。そこで、甲土地の所有名義人であるYに所有権移転登記を求めます。
>
> **Yの言い分**
>
> 　甲土地は、私がAに資材置場として貸していたもので、もともと私の所有物ですから、Xに所有権移転登記をする理由はありません。Xが占有していたことなど全く知りませんでした。Xから甲土地を時効取得したと言ってきたことはありましたが、Xを所有者と認めることはもちろんできません。

【解説】

1　事案

　本問では、Xが甲土地の所有名義人であるYに対し、甲土地を時効取得したと主張して所有権移転登記を求めています。これに

対し、Yは、甲土地の所有者は自分であると争っています。

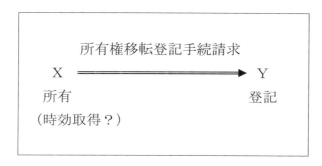

2 請求の趣旨

　Xは、Yに対し、甲土地について所有権移転登記を求めていますが、請求の趣旨には「登記をせよ。」ではなく、「登記手続をせよ。」と記載すべきであることは第9問2で説明したとおりです。

　移転登記手続の場合には、移転登記をすべき相手方は必ずしも原告に限らず、第三者のこともありますので、移転登記をすべき相手方が誰であるかを明示する必要があります。本問では、Xがその相手方になりますので、「原告に対し」と記載します。

　次に、不動産登記に関する請求の趣旨には、原則として登記原因を明らかにする必要があります（第9問2参照）。本問では、時効取得が登記原因となります。

　なお、時効取得は原始取得であると理解する判例通説の立場からすると、本来、移転登記ではなく、従前の登記を全て抹消した上で新たに保存登記をすべきことになるのではないかとの疑問も生じ得ます。しかし、登記実務上は、YからXへの移転登記の形式によるものとされています。

時効の効果はその起算日に遡ります（民法１４４条）から、登記原因の日付は占有開始日になります。本問では、Ｘが主張する占有開始日は平成２４年６月１日ですから、同日が起算日になり、登記原因の日付もこの日になります。

　以上をまとめますと、本問での請求の趣旨は、次のようになります。

　　被告は、原告に対し、甲土地について、平成２４年６月１日時効取得を原因とする所有権移転登記手続をせよ。

3　訴訟物

　本問において、Ｘは、甲土地を時効取得し、その所有者となったことを理由として、Ｙに対して所有権移転登記手続を求めているわけですから、Ｘが行使している登記請求権の性質は物権的登記請求権であると考えられます。物権的登記請求権は、所有権に対する占有以外の方法による妨害の除去を求めるものとして妨害排除請求権となることは、第９問３で説明したとおりです。

　以上から、本問における訴訟物は、所有権に基づく妨害排除請求権としての所有権移転登記請求権ということになります。そして、本問では、甲土地の所有権１個がＹ名義の１個の登記によって侵害されていますから、訴訟物は１個です（第６問３(4)参照）。

> 所有権に基づく妨害排除請求権としての所有権移
> 転登記請求権　1個

4　請求原因－所有権に基づく所有権移転登記手続請求の要件事実

> ### 考え方のポイント
>
> 　短期取得時効（民法１６２条２項）の法律要件を、
> 民法１８６条の規定の性質を考えながら検討してみ
> よう。

(1)　請求原因

　　所有権に基づく所有権移転登記請求権の発生要件は、

①　その不動産を所有していること

②　その不動産について相手方名義の所有権移転登記が存在す
　　ること

と考えることができます（第９問4(1)参照）。本問では、Xが
甲土地を現在所有していることについてYは争っていますから、
Xは自己の所有権の取得原因を主張・立証する必要があります。
そして、Xは短期取得時効（民法１６２条２項）を甲土地の取
得原因として主張していますので、その要件事実を検討する必
要があります。

(2)　短期取得時効の要件事実

　　ア　短期取得時効について、民法１６２条２項は、「１０年間、
　　　所有の意思をもって、平穏に、かつ、公然と他人の物を占有

した者は、その占有の開始の時に、善意であり、かつ、過失がなかったときは、その所有権を取得する。」と規定しています。

　この規定によれば、短期取得時効の条文上の要件は、

ⅰ　所有の意思をもって

ⅱ　平穏かつ公然に

ⅲ　他人の物を

ⅳ　１０年間占有したこと

ⅴ　占有開始時に善意であり

ⅵ　ⅴについて無過失であったこと

となります。そして、ここで、善意というのは、自己に所有権があるものと信じることをいい、無過失であったというのは、そのように信じるにつき過失のないことをいいます（最判昭43.12.24民集22.13.3366[143]参照）。

　しかし、これらの要件は、全て短期取得時効の効果の発生を根拠付けるのに主張する必要があるでしょうか。

イ　まず、民法１８６条１項は、「占有者は、所有の意思をもって、善意で、平穏に、かつ、公然と占有をするものと推定する。」と規定しています。したがって、上記ⅳの要件に該当する事実が主張・立証されれば、ⅰ、ⅱ、ⅴの各要件に該当する事実を積極的に主張・立証する必要はないことになり、占有者に所有の意思がなかったこと、占有が強暴であったこと又は占有が隠秘であったことが権利発生の障害要件に位置付けられることになります。この民法１８６条１項のような規定は暫定真実といわれています。暫定真実とは、条文の表現上はある法律効果の発生要件であるように見えるもので

っても、実は、その不存在が法律効果の発生障害要件となることを示す一つの立法技術であり、ただし書に読み替えることができるものです。つまり、民法１６２条２項は、１８６条１項を併せて読むと、「１０年間、物を占有した者は、その占有の開始の時に、善意であることについて過失がなかったときは、その所有権を取得する。ただし、その占有者に所有の意思がなかったとき又はその占有が強暴若しくは隠秘であるときは、この限りでない。」と読み替えることができるわけです。

ウ 次に、民法１８６条２項は、「前後の両時点において占有をした証拠があるときは、占有は、その間継続したものと推定する。」と規定しています。したがって、土地を１０年間継続して占有していたことを主張・立証する必要はなく、占有開始時と１０年経過時の二つの時点の占有を主張・立証すれば足りるわけです。そして、その二つの時点の間にＸが占有をしていなかった時点があることが権利発生の障害要件に位置付けられることになります。このように、法が、一定の法律効果の発生の立証を容易にする目的で、甲事実があるときはその法律効果を発生させる法律要件に該当する乙事実があると推定する旨の規定を設けている場合を、法律上の事実推定といいます。本問に当てはめれば、甲事実に相当するのは占有開始時点及び１０年経過時点の各占有の事実であり、乙事実に相当するのは占有開始時点から１０年間の占有の継続の事実です。

エ さらに、ⅲの要件についてですが、取得時効の対象物は自己の所有物であってもよいとするのが判例（最判昭 42.7.21

民集21.6.1643[119]、最判昭44.12.18民集23.12.2467[105]）ですので、これは短期取得時効の効果発生を根拠付ける要件ではないことになります。

オ　以上から、短期取得時効を所有権の取得原因とするための要件は、上記条文上の要件のうち、

　　(ｱ)　ある時点で占有していたこと

　　(ｲ)　(ｱ)の時から１０年経過した時点で占有していたこと

　　(ｳ)　(ｱ)の時点で自己に所有権があるものと信じることについて無過失であったこと

　　となります。

　　　このうち、(ｳ)の無過失については、規範的要件と呼ばれ、その要件事実をどのように考えるかについては、争いがありますが、当該要件についての規範的評価を根拠付ける具体的事実を要件事実と考えるのが相当と思われます（第１３問７(2)参照）。この考え方（主要事実説）では、この具体的事実を評価根拠事実と呼びますが、このような評価根拠事実の主張・立証に対して、相手方において、評価根拠事実と両立し、当該評価を妨げる事実（評価障害事実）の主張・立証がされることもあります。

カ　時効の援用

　　　時効の援用の法的性質については見解が分かれていますが、最高裁判決には、時効による債権消滅の効果は、時効期間の経過とともに確定的に生ずるものではなく、時効が援用されたときにはじめて確定的に生ずるものとして、いわゆる不確定効果説のうちの停止条件説に立ったとされるものがあります（最判昭61.3.17民集40.2.420[10]、第２問７(3)参照）。

この説に立てば、時効の援用は、上記オの(ア)から(ウ)までの要件とともに、時効取得の実体法上の要件ということになります。そして、この援用は、時効によって不利益を受ける者に対する実体法上の意思表示です。

したがって、本問で、Xは、上記オの(ア)から(ウ)までのほか、

(エ) 時効援用の意思表示をしたこと

に該当する事実も主張・立証する必要があります。

キ 本問への当てはめ

占有に関する上記オ(ア)の要件に該当する事実については、Xが平成24年6月1日に甲土地を資材置場として占有していたこと、同(イ)の要件に該当する事実については、Xが令和4年6月1日経過時に甲土地を資材置場として占有していたことになります。Yは、Xの占有について争っていますので、占有の具体的な態様を主張することが必要です（第6問4(3)イ参照）。なお、期間の計算については第2問7(2)を参照してください。

次に、同(ウ)に該当する具体的事実である無過失の評価根拠事実については、Xの言い分からは必ずしも明確とはいえませんが、（ⅰ）Aが、平成24年6月1日当時、甲土地を資材置場として占有していたこと、（ⅱ）XはAから甲土地を1000万円で買ったことがこれに当たると考えられます。

最後に、時効の援用ですが、Xは、「私は、令和4年9月5日、Yに対し、甲土地を時効取得した旨を伝えています。」と主張しているので、「原告は、被告に対し、令和4年9月5日、甲土地を時効取得した旨伝えた。」などと記載することになります。

(3) Ｙ名義の登記の存在

(1)②の要件事実については、Ｘの所有権に対する妨害として、甲土地にＹ名義の所有権移転登記が存在することを主張・立証することになります。物権的請求権の行使のためには、現在（口頭弁論終結時）における妨害の存在が必要なため、Ｙ名義の所有権移転登記が現存することの主張・立証が必要であることは第９問４(4)で説明したとおりです。

なお、Ｙの登記に関する主張において、その登記を特定することが必要です。本問の言い分からはＹ名義の登記の具体的内容は明らかでありませんが、実務では登記目録を利用するなどしてその内容を明らかにしています。

(4)　本問の請求原因

　　以上によれば、本問の請求原因は、

　　1　原告は、平成２４年６月１日、甲土地を資材置
　　　場として占有していた。
　　2　原告は、令和４年６月１日経過時、甲土地を資
　　　材置場として占有していた。
　　3　無過失の評価根拠事実
　　　(1)　Aは、平成２４年６月１日当時、甲土地を資
　　　　材置場として占有していた。
　　　(2)　原告は、平成２４年６月１日、Aから甲土地
　　　　を１０００万円で買った。
　　4　原告は、被告に対し、令和４年９月５日、甲土
　　　地を時効取得した旨伝えた。
　　5　甲土地について別紙登記目録記載の被告名義の
　　　所有権移転登記がある。

となります。

5　請求原因に対する認否

　　Yは、Xが占有していたことは知らなかったと主張しています
ので、請求原因の１及び２の事実はいずれも「不知」ということ
になります。また、Yは甲土地をAに資材置場として貸していた
と主張していますから、同３の無過失の評価根拠事実のうち、(1)
については「認める」としてよいでしょう。同(2)については、明

確な認否はありませんが、「不知」と考えてよいと思われます。同4の時効の援用について、被告は争っていませんので、認否は「認める」となります。また、Y名義の登記の存在についてもYは認めていますので、認否は同様になります。

　そこで、請求原因に対する認否は、以上を整理すると、

　　請求原因3⑴、4及び5の事実は認める。同1、2及び3⑵の事実は知らない。

となります。

6　抗弁の検討

　上記4⑵イ、ウで述べたとおり、Yとしては、Xには所有の意思がなかったこと、Xは強暴若しくは隠秘に占有したものであること、Xにおいて占有を中断したことを抗弁として主張し得るのですが、本問において、Yはこれらの点について明確な主張はしていません。なお、無過失の評価障害事実として、甲土地の登記名義が平成24年6月1日当時Yであったという主張がされることは予想できますが、Yの言い分からこの主張があると解することはできないでしょう。

7 事実記載例

---

1 請求原因

(1) 原告は、平成24年6月1日、甲土地を資材置場として占有していた。

(2) 原告は、令和4年6月1日経過時、甲土地を資材置場として占有していた。

(3) 無過失の評価根拠事実

ア Aは、平成24年6月1日当時、甲土地を資材置場として占有していた。

イ 原告は、平成24年6月1日、Aから甲土地を1000万円で買った。

(4) 原告は、被告に対し、令和4年9月5日、甲土地を時効取得した旨伝えた。

(5) 甲土地について別紙登記目録記載の被告名義の所有権移転登記がある。

(6) よって、原告は、被告に対し、所有権に基づき、甲土地について、平成24年6月1日時効取得を原因とする所有権移転登記手続をすることを求める。

2 請求原因に対する認否

請求原因(3)ア、(4)及び(5)の事実は認める。同(1)、(2)及び(3)イの事実は知らない。

8 ブロック・ダイアグラム

請求原因

あ	X　H24.6.1　甲土地を資材置場として占有	△
い	X　R4.6.1経過時　甲土地を資材置場として占有	△
う	無過失の評価根拠事実 　①A　(あ)の当時　甲土地を資材置場として占有	○
	②A・X　H24.6.1　甲土地売買 　　　　　　　　　　代金1000万円	△
え	X→Y　R4.9.5　時効援用	○
お	甲土地にY名義の所有権移転登記	○

第11問　抵当権設定登記抹消登記手続請求（登記保持権原の抗弁）

> **Xの言い分**
>
> 　Yは、私が平成25年に買い受けて所有している甲建物について何の権原もなく別紙登記目録（省略）記載の抵当権設定登記をしています。
>
> 　私は、Yに対して、所有権に基づいてこの登記の抹消を求めます。
>
> **Yの言い分**
>
> 　Xが甲建物を平成25年以来所有していることは認めますが、私は、令和3年7月1日、Xに1000万円を弁済期令和6年7月1日の約束で貸し付け、その担保のために甲建物に抵当権を設定することをXと合意しました。そして、その後その合意に基づいて甲建物に抵当権設定登記をしました。

【解説】

1　事案

　本問では、Xが甲建物について抵当権設定登記を有しているYに対して、所有権に基づいて同登記の抹消を求めています。これに対し、Yは、Xに金員を貸し、その担保のためにXと合意の上で甲建物について抵当権設定登記を具備したと主張して争っています。

抵当権設定登記抹消登記手続請求

X ━━━━━━━━━━━━━━▶ Y

所有　　　　　　　　　　　　　抵当権設定登記

抵当権設定者 ━━━━━━━▶ 抵当権者

（抵当権設定？）

2　請求の趣旨

被告は、甲建物について、別紙登記目録記載の抵当権設定登記の抹消登記手続をせよ。

3　訴訟物

　本問で、Xは、「Yに対して、所有権に基づいてこの登記の抹消を求めます。」と主張していますから、所有権に基づく物権的登記請求権を訴訟物として選択しているということができます。所有権に基づく物権的登記請求権は、物権的請求権の一つであり、物権的請求権の3類型のうちの妨害排除請求権に当たると考えられていることは、第9問3で説明したとおりです。したがって、本問の訴訟物は、所有権に基づく妨害排除請求権としての抵当権設定登記抹消登記請求権ということになります。そして、本問では、1棟の甲建物の所有権1個がY名義の1個の登記によって侵害されていますから、訴訟物の個数は1個となります。

> 所有権に基づく妨害排除請求権としての抵当権設
> 定登記抹消登記請求権　　1個

4　請求原因－所有権に基づく抵当権設定登記抹消登記手続請求の要件事実

(1)　請求原因

　　所有権に基づく妨害排除請求権の発生要件は、所有権に基づく返還請求権の発生要件と同じように考えればよいのですから、所有権に基づく妨害排除請求権としての抵当権設定登記抹消登記請求権の発生要件は、

①　その不動産を所有していること

②　その不動産について相手方名義の抵当権設定登記が存在すること

であり、

③　その登記が正当な権原（登記保持権原）に基づくこと

は発生障害要件であると解されます（第9問4(1)参照）。

　　よって、請求原因は①、②に当たる事実となり、③に当たる事実は相手方が主張・立証すべき抗弁となります。

　　なお、判例・通説は、登記の推定力を事実上の推定であるとしています（第9問4(2)参照）。したがって、主張・立証責任の転換は生じませんから、登記保持権原が抗弁であるということは変わりません。

(2)　X所有

　　請求原因①に当たる「Xが甲建物を所有していること」というのは、現在（口頭弁論終結時）において、Xが甲建物を所有

していることです。

　ところで、本問で、Ｙは、「Ｘが甲建物を平成２５年以来所有していることは認めます」と主張していますので、Ｘの所有について権利自白が成立することになると思われますが、請求原因を摘示するに当たり、どの時点におけるＸの所有について権利自白が成立したと考えればよいでしょうか。

　この点については、Ｙの認否が「Ｘが甲建物を・・・所有していることは認めます」となっていることから、所有権に基づく妨害排除請求権の発生要件そのものに当たるＸの現所有について権利自白が成立しているとして、請求原因の摘示をすることが考えられます。この考え方によれば、請求原因は、「Ｘは、甲建物を所有している。」と摘示することになります。

　他方、本問で、Ｙは、登記保持権原の抗弁を主張していますが、後に説明するとおり、この場合、Ｙは、所有者であるＸとの間で抵当権設定契約を締結したことを主張する必要があると解されていますので、この主張との関係では、Ｙは抵当権設定契約締結当時のＸの所有を認めていると考えられます。そうすると、本問では、抵当権設定契約締結当時のＸの所有について権利自白が成立しているとして、請求原因の摘示をすることも考えられ、その場合には、Ｘの現所有についての権利自白を摘示する必要はなくなると考えられます。この考え方によれば、請求原因は、「Ｘは、令和３年７月１日当時、甲建物を所有していた。」と摘示することになります。

(3)　Ｙ名義の登記の存在

　　請求原因②に当たる事実は、第９問４(4)で説明したとおり、甲建物について、現在（口頭弁論終結時）、Ｙ名義の抵当権設

定登記が存在していることであると考えられています。また、実務では、登記目録を利用するなどして、Ｙ名義の抵当権設定登記の具体的内容を明らかにしています。

⑷　本問の請求原因

　　抵当権設定契約締結当時のＸの所有について権利自白が成立しているという考え方によれば、本問の請求原因は次のようになります（なお、本問では、この考え方に立って、抗弁以下の要件事実を摘示していくことにします。）。

> 1　原告は、令和３年７月１日当時、甲建物を所有していた。
> 2　甲建物について、別紙登記目録記載の被告名義の抵当権設定登記がある。

5　請求原因に対する認否

　　請求原因はいずれも争いがありませんので、請求原因に対する認否は次のようになります。

> 請求原因１、２は認める。

6　登記保持権原の抗弁の要件事実

考え方のポイント
抵当権設定登記の実体法上の有効要件を踏まえて登記保持権原の抗弁の要件事実を検討しよう。

(1)　登記保持権原の抗弁の機能

　　Yは、「私は、・・・Xに１０００万円を弁済期令和６年７月１日の約束で貸し付け、その担保のために甲建物に抵当権を設定することをXと合意し・・・その合意に基づいて甲建物に抵当権設定登記をしました。」と主張しています。これは、Y名義の抵当権設定登記が正当な権原に基づくものであるという主張であり、Xが主張する請求原因と両立し、請求原因の効果である所有権に基づく妨害排除請求権の発生を妨げる働きをしますので、抗弁として機能することになります。このような抗弁を「登記保持権原の抗弁」と呼んでいます。

(2)　登記保持権原の抗弁の要件事実

　ア　登記保持権原が認められるための要件としては、その登記が有効であることが必要となります。登記の有効要件は、一般に、実体的有効要件と手続的有効要件に分けて論じられていますので、以下ではそれぞれの要件について考えていくことにします。

　イ　登記が有効であるためには、その登記に符合する実体関係が存在することが必要です（登記の実体的有効要件）。したがって、Yは、請求原因で主張された抵当権設定登記に符合

する実体関係が存在することを主張する必要があることになります。

　まず、Ｙは、抵当権が成立したことを主張する必要がありますが、抵当権は、被担保債権が存在しなければ成立しないと考えられていますので（成立における附従性）、Ｙは、被担保債権の発生原因事実を主張する必要があります（①）。例えば、ＸとＹとの間で消費貸借契約が締結されたことなどを主張する必要があります（なお、消費貸借契約の成立要件は第４問参照）。この場合、Ｙは、債権額、利息・損害金の定めなど、登記に表示された実体関係（不動産登記法８３条１項、８８条１項）と一致する実体関係を主張する必要があるのが原則です。

　そして、Ｙは、上記の被担保債権を担保するために、Ｘとの間で抵当権設定契約を締結したことを主張する必要があります（②）。

　また、抵当権設定契約は、抵当権の発生を目的とするいわゆる物権契約であると解されていますので、Ｙは、抵当権設定契約締結当時、抵当権設定者であるＸがその不動産を所有していたことも主張する必要があります（③）。

ウ　次に、登記が有効であるためには、実体的有効要件のほかに、その登記が手続的に適法にされたことも必要であると解されています（登記の手続的有効要件）。本書ではこの要件を「登記が抵当権設定契約に基づくこと」（④）と表すことにします。

エ　以上のとおりですから、次の①ないし④に当たる事実がＹが主張しなければならない登記保持権原の抗弁の要件事実に

なります。

① 被担保債権の発生原因事実

② 抵当権設定者（X）が抵当権者（Y）との間で、①の債権を担保するためその不動産につき抵当権設定契約を締結したこと

③ 抵当権設定者（X）が②当時、その不動産を所有していたこと

④ 登記が②の抵当権設定契約に基づくこと

　　なお、④の手続的有効要件は、実体関係とは別の争点を構成しないのが通常ですから、そのような場合には、④の事実として単に「登記が②の抵当権設定契約に基づく」と摘示すれば足りると考えられています。

(3)　本問の抗弁

　　以上によれば、本問における登記保持権原の抗弁の要件事実は、次のようになります（③に当たる事実は既に請求原因で摘示されていますので、抗弁で再度摘示する必要はありません。）。

　1　被告は、原告に対し、令和3年7月1日、1000万円を貸し付けた。

　2　原告と被告は、令和3年7月1日、原告の1の債務を担保するため、甲建物に抵当権を設定するとの合意をした。

　3　請求原因2の登記は、2の抵当権設定契約に基づく。

---

7 抗弁に対する認否

　Xは、「Yは・・・何の権原もなく・・・抵当権設定登記をしています。」と主張しているので、抗弁1から3までの事実は否認していることになります。したがって、抗弁に対する認否は次のようになります。

> 抗弁1から3までは否認する。

8 事実記載例

1 請求原因
 (1) 原告は、令和3年7月1日当時、甲建物を所有していた。
 (2) 甲建物について、別紙登記目録記載の被告名義の抵当権設定登記がある。
 (3) よって、原告は、被告に対し、所有権に基づき、上記抵当権設定登記の抹消登記手続を求める。
2 請求原因に対する認否
 請求原因(1)、(2)は認める。
3 抗弁
 登記保持権原－抵当権
 (1) 被告は、原告に対し、令和3年7月1日、1000万円を貸し付けた。
 (2) 原告と被告は、令和3年7月1日、原告の(1)の債務を担保するため、甲建物に抵当権を設定するとの合意をした。
 (3) 請求原因(2)の登記は、(2)の抵当権設定契約に基づく。
4 抗弁に対する認否
 抗弁(1)から(3)までは否認する。

9 ブロック・ダイアグラム

	請求原因	
あ	X　R3.7.1当時 甲建物所有	○
い	甲建物にY名義の 抵当権設定登記	○

← 抗弁（登記保持権原－抵当権）

	抗弁（登記保持権原－抵当権）	
カ	X→Y　R3.7.1 1000万円貸付け	×
キ	X・Y　R3.7.1 ㈎の債務を担保する ため甲建物に抵当権 設定契約	×
ク	㈱の登記は㈭に基づ く	×

第5章　賃貸借契約の終了に基づく不動産明渡請求訴訟

第12問　土地明渡請求（民法上の期間満了による賃貸借終了、建物所有目的の抗弁）

Xの言い分

　私は、Yに対し、令和2年8月25日、賃料月額10万円、敷金50万円、期間同日から令和4年8月25日までとの約束で、私所有の甲土地を更地のまま資材置場用地として使用するとの合意の下に賃貸し、引き渡しました。令和4年8月26日に、Yに対して、約束の期間が過ぎたから明け渡すよう申し入れましたが応じないので、賃貸借契約の終了に基づき、甲土地の明渡しを求めます。

Yの言い分

　Xから甲土地をX主張のとおりの約定で借り、同土地の引渡しを受けてこれを占有していることは間違いありません。資金繰りの都合等もあり未だ建物は建築していませんが、甲土地は、資材置場用地としてではなく、私が建築する予定の自宅の敷地として使用するとの合意の下に借りたのですから、2年の期間が経過したからといって返さなくてもよいはずです。

【解説】
1 事案

　本問では、XがYに対して、X所有の甲土地をYに賃貸したが、その賃貸期間（存続期間）が満了したとして甲土地の明渡しを求めています。これに対し、Yは、Xとの賃貸借契約は、甲土地をYが建築する予定の自宅の敷地として使用するという、建物所有を目的とする合意の下に行われたのであるから賃貸期間は未だ満了していないとして争っています。

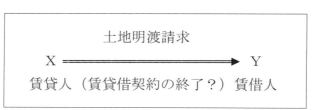

2 請求の趣旨

被告は、原告に対し、甲土地を明け渡せ。

3 訴訟物

(1) 訴訟物の選択

　XがYに対し不動産の明渡しを求める場合、訴訟物としては所有権侵害を理由とする物権的請求権である不動産明渡請求権と賃貸借契約の終了を理由とする債権的請求権である不動産明渡請求権が考えられます。

　本問のように、Xが不動産の所有者であり、また賃貸人でも

あるという場合には、理論上は、いずれの請求権を選択することも可能ですが、このような場合は、賃貸借契約の終了を理由とする債権的請求権が選択されるのが一般的です。

　本問においても、Ｘは、賃貸借契約の終了に基づき甲土地の明渡しを求めており、債権的請求権を訴訟物として選択しています。

(2)　終了原因による訴訟物の異同

　賃貸借契約の終了に基づく不動産明渡請求において終了原因が複数ある場合、個々の終了原因ごとに訴訟物を考えるべきかどうかについて、次の見解の対立があります。

ア　多元説

　終了原因ごとに訴訟物が異なるとする見解です。

イ　一元説

　１個の賃貸借契約に基づく明渡請求である限り、終了原因が複数あっても、訴訟物は常に１個であり、個々の終了原因は原告の攻撃方法にすぎないとする見解です。

　賃貸借契約は、契約が終了したときに目的物を賃貸人に返還することを約束する契約です（民法６０１条）。したがって、賃貸借契約の終了に基づく明渡請求権は、賃貸借契約自体の効果として発生する賃借物返還義務に基礎をおくものであって、解除、解約の申入れ等の終了原因自体の効果として発生するものではありません。

　このような理由により一元説が通説的見解であって、実務の大勢もそのように考えています。

　一元説の立場からすると、賃貸借契約の終了に基づく不動産明渡請求の訴訟物は、「賃貸借契約の終了に基づく目的物返還

請求権としての不動産明渡請求権」となります。

⑶　個数

　　一元説の立場からすると、賃貸借契約の終了に基づく目的物返還請求権は、賃貸借契約ごとに発生すると考えることになりますので、訴訟物の個数も、契約の個数と一致することになります。したがって、本問のような1個の賃貸借契約に基づく明渡請求においては、終了原因の数のいかんにかかわらず、訴訟物の個数は1個ということになります。

> 賃貸借契約の終了に基づく目的物返還請求権としての土地明渡請求権　　1個

4　請求原因－賃貸借契約の終了に基づく土地明渡請求の要件事実

⑴　賃貸借契約の終了に基づく土地明渡請求権の発生要件

　　賃貸借契約の終了に基づく土地明渡請求権の発生要件は、

①　土地について賃貸借契約を締結したこと

②　賃貸借契約に基づいて土地を引き渡したこと

③　賃貸借契約が終了したこと

です。

⑵　賃貸借契約の締結

ア　賃貸借契約の成立要件（⑴①）

　　賃貸借契約に関する冒頭規定である民法601条は、「賃貸借は、当事者の一方がある物の使用及び収益を相手方にさせることを約し、相手方がこれに対してその賃料を支払うこと及び引渡しを受けた物を契約が終了したときに返還するこ

とを約することによって」効力を生ずる旨を定めていますから、賃貸借契約の成立のために必要な要件は、目的物を一定期間使用・収益させることと、その対価として賃料を支払うこと及び引渡しを受けた物を契約が終了したときに返還することについての合意であることが分かります。

なお、賃貸借契約の目的物が建物である場合には、賃貸借契約の締結を主張すれば目的物が建物であることが明らかになりますから、当然に借地借家法又は借家法の適用を受けることになります。したがって、賃貸人である原告が期間満了を理由として目的物の明渡しを求める場合には、請求原因となる事実を定めるについて当然に特別法である借地借家法又は借家法の規定を考慮に入れる必要があります。しかし、賃貸借契約の目的物が土地である場合には、賃貸借契約の締結を主張しただけでは、借地借家法又は借地法において問題となる建物所有目的の合意（借地借家法１条、借地法１条）に該当する事実が明らかになりませんから、借地借家法等の適用を受けることにはなりません。したがって、この場合は、請求原因となる事実を考えるに当たって、当然には借地借家法等の適用を考慮に入れる必要はありません。

イ　その他の事実の主張について

本問で、Ｘは、「期間同日（令和２年８月２５日）から令和４年８月２５日までとの約束で、私所有の甲土地を更地のまま資材置場用地として使用するとの合意の下に賃貸し」たと主張していますが、期間の定めや、使用目的の合意は賃貸借契約の成立要件ではありません。

また、Ｘは「敷金５０万円」として敷金授受の合意を主張

していますが、敷金契約は賃貸借契約とは別個の契約ですので、そもそも賃貸借契約の成立要件とはなりません。

(3) 賃貸借契約に基づく土地の引渡し

ア　契約に基づく引渡し（(1)②）が必要となる理由

　次に、賃貸借契約に基づいて土地を引き渡したことが必要とされます。賃貸借契約は諾成契約であり、当事者の合意だけで成立するのですが、賃貸借契約の目的物の返還を請求するには、ＸがＹに対し契約に基づいてその目的物を使用収益可能な状態に置いていたことが前提になると考えられるからです。

イ　Ｙによる土地占有が要件とならない理由

　所有権に基づく土地明渡請求の場合には、相手方が土地を占有していることが要件でした（第６問４(1)参照）。

　しかし、前記３(2)のとおり、賃貸借契約の終了に基づく土地明渡請求の場合には、賃借人は、賃貸人に対して、賃貸借契約上の義務として、契約が終了したときには賃貸借契約の目的物として引渡しを受けた土地を返還する義務を負っています。したがって、仮に、賃借人が第三者に賃借権を無断譲渡したりして、借りた不動産を実際に占有していなかったとしても、賃借人はその土地の返還義務を免れることはできないというべきです。このため、賃借人が借り受けた土地を占有していることは、賃貸借契約の終了に基づく土地明渡請求権の発生要件ではないと解されます。

(4) 賃貸借契約の終了（(1)③）

　賃貸借契約は、目的物を借主に使用収益させることを目的とする契約であり、契約が締結されることにより賃貸人はこの契

約に拘束される結果、賃借人に対し目的物を返還するよう求めることができるためには、賃貸借契約の終了が必要となります。すなわち、賃貸借契約においては、契約関係が終了した時に初めて、賃貸人は賃借人に対して目的物の返還を請求することができる（返還請求権が発生する）ことになります（第4問4(2)(3)参照）。

　本問において、Xは、土地賃貸借契約の終了原因として、民法上の賃貸期間の満了を主張しています。民法上の賃貸期間の満了を主張する場合、賃貸借契約の存続期間は、民法604条1項で最長50年に制限されています。したがって、①契約上の存続期間が50年以下のときは、存続期間を定めたこと及び同期間が経過したこと、②契約上の存続期間が50年を超えるときは50年が経過したことのいずれかに該当する事実を主張することになります。

　本問の場合、Xは、甲土地の賃貸期間は令和2年8月25日から令和4年8月25日までとの約定であると主張していますから、XとYが、甲土地の賃貸借契約において、賃貸期間を令和2年8月25日から令和4年8月25日までと定めたこと及び令和4年8月25日が経過したことを主張することになります。

(5)　本問の請求原因

　以上によれば、本問の場合、Xは、賃貸借契約の終了に基づく土地明渡請求の要件事実として、

> 1　原告は、被告との間で、令和2年8月25日、
> 　　甲土地を、賃料月額10万円で賃貸するとの合意
> 　　をした（以下「本件賃貸借契約」という。）。
> 2　原告は、被告に対し、令和2年8月25日、本
> 　　件賃貸借契約に基づき、甲土地を引き渡した。
> 3　原告と被告は、1の際、賃貸期間を同日から令
> 　　和4年8月25日までと合意した。
> 4　令和4年8月25日は経過した。

と主張することになります。

5　請求原因に対する認否

　　Yの言い分からすると、請求原因1から3まではいずれも認め
るということになります。また、同4は顕著な事実であり、認否
は不要です。したがって、請求原因に対する認否は、

> 請求原因1から3までは認める。

ということになります。

6　建物所有目的の抗弁の要件事実

⑴　建物所有目的の抗弁

　　本問では、Yは、甲土地は「私が建築する予定の自宅の敷地
として使用するとの合意の下に借りたのですから、2年の期間

が経過したからといって返さなくてもよいはずです。」と主張しています。これは、当該賃貸借契約が建物の所有を目的とするものであったとの趣旨の主張であり、このような主張は、「建物所有目的の抗弁」と呼ばれています。どうして甲土地の賃貸借契約が建物所有を目的とするものであったことが、Xの民法上の期間満了を理由とする土地明渡請求の請求原因に対する抗弁となるのでしょうか。以下では、この点について検討していきます。

(2) 借地借家法による存続期間（賃貸期間）の修正

　本問のように、建物の所有を目的とする賃貸借契約が平成4年8月1日以降に締結されたものであれば借地借家法が適用されますので、３０年よりも長い存続期間を定めた場合には約定どおりの期間が認められますが、３０年よりも短い存続期間を定めた場合や、存続期間を定めなかった場合には、存続期間は全て３０年とされています（借地借家法3条、9条）。したがって、本問では、Xが請求原因において土地賃貸借契約の終了原因として民法上の存続期間の満了の事実を主張するのに対し、Yは、借地借家法により存続期間が伸長されていること、すなわち期間は満了していないことを主張することができます。そこで、Yは、抗弁として、

　　賃貸借契約につき建物の所有を目的とする合意をしたことに該当する具体的事実を主張することになります。

　本問の場合、Yは、上記合意をしたことに該当する具体的事実として、

原告と被告とは、本件賃貸借契約に際し、甲土地
　　を、被告が建築する予定の自宅の敷地として使用す
　　ることを合意した。

と主張しています。

7　抗弁に対する認否

　　Yの建物所有目的の抗弁に対して、Xは、甲土地は「更地のま
ま資材置場用地として使用するとの合意の下に賃貸し」たと主張
しています。これは、抗弁に対する積極否認になります。そこで、
認否は、

　　　抗弁は否認する。

となります。

8 事実記載例

1 請求原因
 (1) 原告は、被告との間で、令和2年8月25日、甲土地を、賃料月額10万円で賃貸するとの合意をした（以下「本件賃貸借契約」という。）。
 (2) 原告は、被告に対し、令和2年8月25日、本件賃貸借契約に基づき、甲土地を引き渡した。
 (3) 原告と被告は、(1)の際、賃貸期間を同日から令和4年8月25日までと合意した。
 (4) 令和4年8月25日は経過した。
 (5) よって、原告は、被告に対し、本件賃貸借契約の終了に基づき、甲土地を明け渡すことを求める。
2 請求原因に対する認否
 請求原因(1)から(3)までは認める。
3 抗弁
 建物所有目的
 原告と被告とは、本件賃貸借契約に際し、甲土地を、被告が建築する予定の自宅の敷地として使用することを合意した。
4 抗弁に対する認否
 抗弁は否認する。

9　ブロック・ダイアグラム

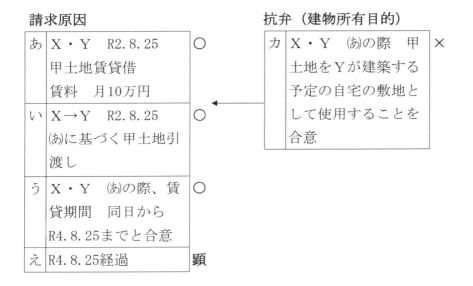

請求原因

あ	X・Y　R2.8.25 甲土地賃貸借 賃料　月10万円	○
い	X→Y　R2.8.25 ㋐に基づく甲土地引 渡し	○
う	X・Y　㋐の際、賃 貸期間　同日から R4.8.25までと合意	○
え	R4.8.25経過	**顕**

抗弁（建物所有目的）

| カ | X・Y　㋐の際　甲
土地をYが建築する
予定の自宅の敷地と
して使用することを
合意 | × |

第6章　動産引渡請求訴訟

第13問　動産引渡請求（即時取得、悪意の抗弁、過失の抗弁）

Xの言い分

　私は、Aから令和3年12月24日、甲パソコンを代金20万円で買い、Aから引渡しを受け、使用していました。Aは所有者ではなかったようですが、私は、当時、Aを所有者と信じていました。確かに、私は、Yに対し、何の確認もしていませんが、当時、甲パソコンにはYの住所や名前が書かれたシールなどは貼ってありませんでした。ところが、Yが甲パソコンを勝手に持っていってしまって返さないので、所有権に基づきその返還を求めます。

Yの言い分

　XがAから甲パソコンを買い、引渡しを受けたことは知りません。甲パソコンは、私がAに無償で貸していたもので、もともと私の所有物ですから、私が持っていて当然です。そもそも、Xは、私の所有物であることを知っていたはずですし、仮に知らなかったとしても、甲パソコンには私の住所と名前を書いたシールが貼ってあったのに、Xは私に対し何の確認もしていないのですから、Xには過失があるはずです。

【解説】

1　事案

　本問では、XがAから甲パソコンを買い、引渡しを受けて、甲パソコンを即時取得したとして、これを占有するYに対し、所有権に基づき、その引渡しを求めています。これに対し、Yは、甲パソコンはもともとYが所有してAに貸していたものであり、XはAが権利者であると信じていなかったか、Aが権利者であると信じたことにつき過失があったとして、Xの即時取得による所有権取得を争っています。

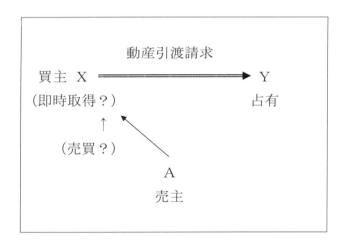

2　請求の趣旨

　本問では、特定の甲パソコンの引渡しを求めている事案ですから、パソコンを特定し、その引渡しを求めることになります。

> 被告は、原告に対し、甲パソコンを引き渡せ。

3 訴訟物

(1) 物権的請求権

　本問では、Xは、甲パソコンを占有しているYに対し、「所有権に基づきその返還を求めます。」と主張していますから、Xは、所有権に基づく物権的請求権を訴訟物として選択しているということができます。

(2) 本問の訴訟物

　この場合の訴訟物については、所有権に基づき土地の明渡しを請求する場合（第6問3参照）と同様に考えることができます。本問で、Xは、「Yが甲パソコンを勝手に持っていってしまって返さない」として、Yの占有によってXの所有権が侵害されていると主張しています。したがって、本問の訴訟物は、所有権に基づく返還請求権としての動産引渡請求権となります。

(3) 個数

　訴訟物の個数も、土地の明渡しを請求する場合（第6問3(4)参照）と同様に考えることができますから、侵害されている所有権の個数と所有権侵害の個数によって定まることになります。本問の場合、侵害されているのは甲パソコン1個についてのXの所有権であり、侵害態様は甲パソコンの占有によるもので、1個の侵害ですから、訴訟物の個数は1個となります。

> 所有権に基づく返還請求権としての動産引渡請求権　　1個

4 請求原因－所有権に基づく動産引渡請求の要件事実

> ### 考え方のポイント
>
> 即時取得を主張する者は、即時取得の条文上の要件のうち、どの要件に該当する事実を主張する必要があるかを考えてみよう。

(1) 請求原因

所有権に基づく動産引渡請求権の発生要件を、

① その動産を所有していること

② 相手方がその動産を占有していること

と解する点は、所有権に基づく土地明渡請求の場合（第6問4(1)参照）と同様です。

(2) X所有

動産については、即時取得の制度が認められており（民法192条）、動産を即時取得した者は、その所有権を原始取得するものと解されています。本問で、Xは、Aから甲パソコンを買ってその引渡しを受けたとし、「Aは所有者ではなかったようですが、私は、当時、Aを所有者と信じていました。」と主張していますから、所有権取得原因として、Aから買い受けた際、甲パソコンの所有権を即時取得したことを主張しているものと理解することができます。

他方、Yは、Xの即時取得を争うとともに、甲パソコンはAに貸していたもので、もとから自分の所有であると主張して、

Xの所有を認めていません。

　このようなXの主張する所有権の取得経緯やYの認否及び主張内容からすれば、本問では、X所有の点に関し、権利自白は問題となりません。

⑶　即時取得の要件事実

　ア　民法１９２条によれば、即時取得の条文上の要件は、

　　㋐　前主との取引行為

　　㋑　㋐に基づく動産の占有取得

　　㋒　㋑の占有取得が平穏な取得であること

　　㋓　㋑の占有取得が公然な取得であること

　　㋔　取得者が善意であること

　　㋕　取得者が無過失であること

　　となります。また、条文上明示されていませんが、即時取得は、前主が動産を占有していることにより、これを真の権利者と信頼したその取引の相手方を保護する制度であると解されることから、

　　㋖　前主の占有

　　も、即時取得の要件と解されています。

　イ　しかし、民法１８６条１項は、「占有者は、所有の意思をもって、善意で、平穏に、かつ、公然と占有をするものと推定する。」と規定しています。これは、主張・立証責任の転換を図る、いわゆる暫定真実を規定するものと解されています（暫定真実の意義については、第１０問４⑵イ参照）。そこで、この規定により、㋒平穏、㋓公然及び㋔善意の主張・立証責任が転換されると解されます。したがって、即時取得を主張する者は、これらに該当する具体的事実を主張・立証

する必要はなく、相手方が抗弁としてそれぞれの反対事実である強暴、隠秘又は悪意に該当する具体的事実を主張・立証すべきことになります。

　また、民法１８８条は、「占有者が占有物について行使する権利は、適法に有するものと推定する。」と規定しており、処分権があると称して取引をする動産の占有者には、その処分権があるものと推定されます（法律上の権利推定。第６問４(1)イ参照）ので、動産の占有取得者は、前占有者に所有権があると信ずることについて過失がないものと推定されることになります（最判昭41.6.9民集20.5.1011[48]）。したがって、即時取得を主張する者は、(カ)無過失についても主張・立証する必要はなく、相手方が占有取得者に過失のあることを主張・立証すべきことになります。

ウ　また、上記ア(イ)の要件の中には、上記ア(キ)の内容も含まれると考えられますから、改めて上記ア(キ)の要件を検討することは必要ないでしょう。

エ　以上から、即時取得による所有権取得の要件は、上記条文上の要件のうち、

　(ア)　前主との取引行為

　(イ)　(ア)に基づく占有取得

となります。

　なお、(イ)の引渡し（占有取得）については、引渡しの四つの態様のうち、現実の引渡し（民法１８２条１項）、簡易の引渡し（同条２項）、指図による占有移転（民法１８４条）の方法によることは可能であると考えられていますが、占有改定（民法１８３条）によっては即時取得はできないと解さ

れています（最判昭 35. 2. 11 民集 14. 2. 168 ［11］）。本問で
は、Xは、Aから現実の引渡しを受けたと主張していますか
ら、問題はありません。

オ　本問への当てはめ

　　上記エ(ア)の要件に該当する事実は、Xが、令和３年１２月
　２４日、Aから甲パソコンを代金２０万円で買ったこととな
　ります。

　　次に、上記エ(イ)の要件に該当する事実は、Xが、同日、A
　から上記売買契約に基づいて甲パソコンの引渡しを受けたこ
　ととなります。

(4)　Y占有

　占有の概念及び占有の時的要素についても、土地の明渡請求
の場合（第６問４(3)参照）について論じたのと同様です。すな
わち、現占有説によれば、Xは、Yによる妨害状態として、Y
が現在（口頭弁論終結時）において当該動産を占有しているこ
とを主張・立証しなければなりません。また、本問において、
Xが、「Yが甲パソコンを勝手に持っていってしまって返さな
い」と主張しているのに対し、Yは、「私が持っていて当然で
す。」と主張して、自らが甲パソコンを占有していること自体
については争っていませんから、Yの所持の態様を具体的に摘
示するまでの必要はありません。

(5)　本問の請求原因

　以上によれば、本問の請求原因は、

```
    1    原告は、令和3年12月24日、Aから甲パソ
        コンを代金20万円で買った。
    2    原告は、同日、Aから1に基づき、甲パソコン
        の引渡しを受けた。
    3    被告は、甲パソコンを占有している。
```

となります。

5　請求原因に対する認否

　　Yは、「XがAから甲パソコンを買い、引渡しを受けたことは
知りません。」と主張していますから、請求原因1及び2は、い
ずれも不知ということになります。また、請求原因3については、
4⑷で説明したとおり、認めています。したがって、請求原因に
対する認否は、

```
    請求原因1及び2は知らない。同3は認める。
```

となります。

6　悪意の抗弁の要件事実

⑴　悪意の抗弁

　　Yは、「Xは、私の所有物であることを知っていたはずです」
と主張しています。これは、即時取得の効果の発生を障害する
もので、4⑶イのとおり、抗弁として機能します。

(2)　悪意の意義

　　即時取得における善意は、動産の占有を始めた者において、取引の相手方がその動産につき権利者であると誤信したことをいうとされています（最判昭 41.6.9 民集 20.5.1011 [48]、最判昭 26.11.27 民集 5.13.775）。したがって、ここでいう悪意とは、前主が権利者でないことを知っていたこと又は権利者であることを疑っていたことをいうと考えられます。

　　また、その悪意は、占有取得時のものでなければならず、占有取得後の悪意を主張・立証しても即時取得の効果は否定されません。

(3)　本問の悪意の抗弁

　　したがって、本問では、Ｙは、悪意の抗弁として、

　　　原告は、請求原因２の当時、Ａが所有者でないことを知っていた。

と主張することになります。

7　過失の抗弁の要件事実

(1)　過失の抗弁

　　Ｙは、「仮に知らなかったとしても、甲パソコンには私の住所と名前を書いたシールが貼ってあったのに、Ｘは私に対し何の確認もしていないのですから、Ｘには過失があるはずです。」と主張しています。これは、Ａを所有者であると信じたことについてのＸの過失を主張しているもので、4(3)イのとおり、即

時取得の効果の発生を障害するものとして、抗弁として機能することになります。

(2)　規範的要件の要件事実

　　本問の「過失」のような規範的評価に関する抽象的概念が法律要件となっている規範的要件については、何を主要事実とみるかが問題となります。この点については、「過失」などの規範的評価それ自体を主要事実とし、それを根拠付ける具体的事実を間接事実とする考え方（間接事実説）もありますが、このような規範的評価自体は、具体的事実が当該規範的要件に当てはまるという法的判断であって主要事実ではなく、これを根拠付ける具体的事実（評価根拠事実）が主要事実であるとする考え方（主要事実説）が一般的であると考えられます。この考え方によると、本問では、評価根拠事実である「甲パソコンにYの住所と名前を書いたシールが貼ってあったこと」「XがYに対し何の確認もしていないこと」を要件事実として摘示すべきことになります。

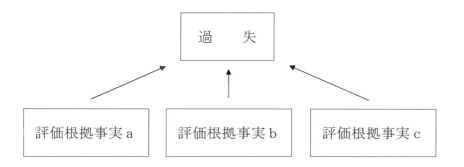

　　なお、事実摘示には、通常法律上の主張は記載しませんが、評価根拠事実を摘示する場合、表題として「過失の評価根拠事

実」などと記載すると、それらの事実がいかなる要件について
の規範的評価を根拠付ける事実なのかが分かり易くなると考え
られます。

　ところで、主要事実説によると、評価根拠事実について弁論
主義が適用されることになりますから、いかに当該評価を根拠
付けるために有用な事実であっても、当事者が主張しない限り、
裁判所がこれを判断・評価の根拠とすることは許されません。
したがって、このような規範的要件においては、当事者がその
要件に該当する事実を的確に主張することがとりわけ重要とな
ります。そのためには、当事者が、当該事案について、その要
件にあてはまる具体的事実を的確に把握、抽出して、適切な主
張を行うことがまずもって大切ですし、裁判所においても、状
況に応じ、適切に釈明権を行使することが期待されることにな
ります。

(3)　即時取得における無過失の意義

　即時取得における無過失とは、動産の占有を始めた者におい
て、取引の相手方がその動産の権利者であると信ずるにつき過
失がなかったことをいうとされています（最判昭 41.6.9 民集
20.5.1011［48］、最判昭 26.11.27 民集 5.13.775）。したがって、
Ｙは、ＸがＡを権利者であると信じたことにつき過失があると
評価するに足りる具体的事実を主張・立証する必要があります。

　この場合の過失の判断の基準時は、Ｘの占有取得時です。し
たがって、それ以後の事実を主張することは意味がありません。

　過失の有無は、前主の処分権限につき取得者に疑念が生じな
ければならなかったかどうか（調査確認義務の存在）、もしそ
れが肯定されるとすれば、取得者が正しい認識を得るために相

当と認められる措置を講じたかどうか（調査確認義務の懈怠）にかかります。その際には、取引の実情ないし慣行、商習慣、従来の当事者間の諸関係などが総合的に考慮されなければなりません。

(4)　本問における過失の評価根拠事実

　本問では、Yは、「甲パソコンには私の住所と名前を書いたシールが貼ってあったのに、Xは私に対し何の確認もしていない」と主張しています。この主張のうち、Xの占有取得時に「甲パソコンには私の住所と名前を書いたシールが貼ってあった」との事実は、Xにおいて、前主であるAの処分権限について疑念を生じさせ、Xにはその疑念を解消すべくYに問い合わせをする等の調査確認を行う義務が発生するといえます（調査確認義務の存在）。そして、Xが占有取得に際し、Yに対し「何の確認もしていない」との事実は、上記の調査確認義務を尽くしていないこと（調査確認義務の懈怠）を示しています。

(5)　本問の過失の抗弁

　以上によると、本問において、Yは、過失の抗弁として、

　（過失の評価根拠事実）
　1　請求原因2の当時、甲パソコンには被告の住所と名前が書かれたシールが貼ってあった。
　2　原告は、被告に対し、請求原因2に際し、甲パソコンの所有者について何の確認もしなかった。

と主張することになります。

8 抗弁に対する認否

　Xは、「私は、当時、Aを所有者と信じていました。確かに、私は、Yに対し、何の確認もしていませんが、当時、甲パソコンにはYの住所や名前が書かれたシールなどは貼ってありませんでした。」と主張しています。したがって、Xは、悪意の抗弁の事実は否認しており、過失の評価根拠事実のうち、「請求原因2の当時、甲パソコンにはYの住所と名前が書かれたシールが貼ってあった。」との事実は否認し、「Xが、請求原因2に際し、Yに対し何の確認もしなかった。」との事実は認めているということになります。

　したがって、悪意の抗弁に対する認否は、

> 抗弁は否認する。

となり、過失の抗弁に対する認否は、

> 抗弁1は否認し、2は認める。

となります。

9 事実記載例

---

1 請求原因
  (1) 原告は、令和３年１２月２４日、Ａから甲パソコンを代金２０万円で買った。
  (2) 原告は、同日、Ａから(1)に基づき、甲パソコンの引渡しを受けた。
  (3) 被告は、甲パソコンを占有している。
  (4) よって、原告は、被告に対し、所有権に基づき、甲パソコンの引渡しを求める。
2 請求原因に対する認否
  請求原因(1)及び(2)は知らない。同(3)は認める。
3 抗弁
  (1) 悪意
    原告は、請求原因(2)の当時、Ａが所有者でないことを知っていた。
  (2) 過失
  （過失の評価根拠事実）
    ア 請求原因(2)の当時、甲パソコンには被告の住所と名前が書かれたシールが貼ってあった。
    イ 原告は、被告に対し、請求原因(2)に際し、甲パソコンの所有者について何の確認もしなかった。
4 抗弁に対する認否
  抗弁(1)は否認する。同(2)のうちアは否認し、イは認める。

10 ブロック・ダイアグラム

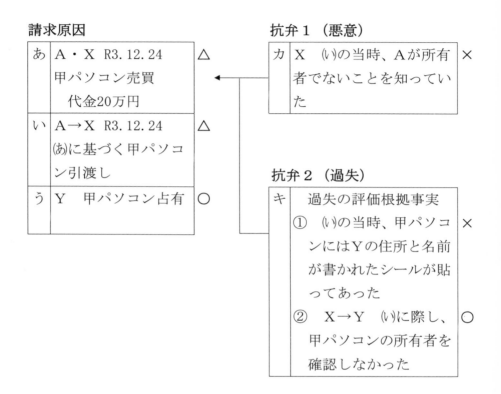

請求原因

あ	A・X R3.12.24 甲パソコン売買 　　代金20万円	△
い	A→X R3.12.24 ㋐に基づく甲パソコ ン引渡し	△
う	Y　甲パソコン占有	○

抗弁1　（悪意）

| カ | X　㋑の当時、Aが所有
者でないことを知ってい
た | × |

抗弁2　（過失）

| キ | 過失の評価根拠事実
①　㋑の当時、甲パソコ
ンにはYの住所と名前
が書かれたシールが貼
ってあった | × |
| | ②　X→Y　㋑に際し、
甲パソコンの所有者を
確認しなかった | ○ |

判 例 索 引

事　項　索　引

り

改訂　新問題研究　要 件 事 実　　　書籍番号 500504

平成23年 9 月25日	第 1 版第 1 刷発行
令和 2 年 8 月20日	追補合冊第 1 刷発行
令和 5 年 3 月15日	改訂版第 1 刷発行

編　　　集　　司 法 研 修 所

発 行 人　　門　田　友　昌

発 行 所　一般財団法人　法　曹　会

〒100-0013　東京都千代田区霞が関1-1-1
振替口座　00120 - 0 - 15670
電　　話　03 - 3581 - 2146
http://www.hosokai.or.jp/

ISBN 978-4-86684-094-9